Bienvenue Bukasa Muepu
Pierre Kafunda
Theodore Kabangu

Aprendizagem artificial baseada em redes neurais de convolução

Bienvenue Bukasa Muepu
Pierre Kafunda
Theodore Kabangu

Aprendizagem artificial baseada em redes neurais de convolução

Aplicação ao reconhecimento de dígitos manuscritos em cheques bancários

ScienciaScripts

Imprint

Cover image: www.ingimage.com

This book is a translation from the original published under ISBN 978-620-6-70491-1.

Publisher:
Sciencia Scripts
is a trademark of
Dodo Books Indian Ocean Ltd. and OmniScriptum S.R.L publishing group

120 High Road, East Finchley, London, N2 9ED, United Kingdom
Str. Armeneasca 28/1, office 1, Chisinau MD-2012, Republic of Moldova, Europe
Managing Directors: Ieva Konstantinova, Victoria Ursu
info@omniscriptum.com

Printed at: see last page
ISBN: 978-620-8-57825-1

INTRODUÇÃO

A aprendizagem artificial tornou possível a construção de modelos que permitem às máquinas aprender e treinar-se a si próprias com base em exemplos, de modo a poderem evoluir autonomamente. Nas últimas décadas, assistimos a grandes progressos em vários domínios, como a medicina, a indústria, os sistemas bancários, etc.

Com o advento do reconhecimento de padrões, a aprendizagem artificial pode ser integrada em sistemas informáticos para lhes dar a capacidade de simular as actividades humanas de perceção, reconhecimento e compreensão, como o reconhecimento de objectos, a escrita e a fala. Os computadores conseguiram assim adquirir um elevado nível de compreensão a partir de imagens ou vídeos digitais.

A imagem , o estudo das imagens digitais e das suas transformações para melhorar a qualidade e extrair informações, tem sido objeto de muita investigação nos últimos anos. Os sistemas informáticos capazes de percecionar, reconhecer e compreender as informações de uma imagem exploram técnicas recentes de aprendizagem automática, nomeadamente a aprendizagem profunda. Estas incluem as redes neuronais convolucionais, cujo sucesso no tratamento de imagens continua a ser muito superior ao das redes neuronais artificiais simples.

Neste trabalho, vamos aplicar redes neuronais convolucionais ao processamento de imagens de cheques bancários para dar ao computador a capacidade de reconhecer os montantes escritos por humanos, de modo a que esta informação possa ser usada para processar transacções com cheques. Atualmente, o reconhecimento da escrita manual, um subdomínio do reconhecimento de padrões, tem demonstrado algum sucesso em várias actividades, como a triagem automática do correio nos correios e a leitura dos montantes dos cheques num banco, para citar apenas algumas. Aplicado a números manuscritos no sector bancário, o seu objetivo é converter a imagem de um carácter compreensível para o ser humano num código interpretável por um computador. No entanto, é muito mais complexo para os caracteres manuscritos devido extrema variabilidade destes últimos: variabilidade das formas, espaçamento entre palavras e caracteres, flutuação das linhas.

Durante as transacções bancárias por cheque, os montantes inscritos nos cheques devem ser cuidadosamente considerados. Sendo o erro humano, uma simples desatenção ao montante pode estar na origem de uma operação de adição ou de supressão inesperada, que pode ser infeliz para o banco ou para o cliente. A credibilidade e a rendibilidade do banco, por um lado, e a satisfação do cliente, por outro, estão em jogo. Tendo em conta o número de transacções bancárias que envolvem cheques, é um facto que a repetição de um erro deste tipo, em detrimento do banco, é quase inevitável quando o ser humano está envolvido neste processamento. Embora imprevisível, a perda de receitas para o banco continua a ser uma ameaça considerável.

Perante esta situação, a nossa reflexão centrou-se nas seguintes questões:

✓ Como é que um sistema informático pode reconhecer os números escritos à mão num cheque?

✓ Qual o contributo que um sistema automático de reconhecimento de escrita pode dar aos bancos?

Tendo em conta estas questões de investigação, podem ser propostas soluções diferentes consoante o investigador. Para nós, em relação à primeira questão, pensámos que os dígitos manuscritos seriam reconhecidos utilizando um modelo preditivo baseado em redes neurais convolucionais.

Em relação à segunda pergunta, pensamos que um sistema deste tipo poderia oferecer precisão na introdução do montante e, por conseguinte, rapidez no processamento das operações com cheques.

Para apresentar a nossa solução, escolhemos o seguinte tema: "**Aprendizagem artificial baseada em redes neurais de convolução para o reconhecimento de dígitos manuscritos no caso dos cheques bancários**".

No que respeita a este tema, este trabalho não é de menor interesse. De facto, permitiu-nos compreender a aprendizagem automática profunda, o reconhecimento de padrões e muito mais.

reconhecimento de caracteres e visão por computador. Para os bancos, este trabalho contribui para melhorar a sua qualidade de serviço e acelerar o processamento das transacções de cheques. Para os futuros investigadores, o trabalho pretende ser uma referência para os que se dedicam ao tema das redes neuronais convolucionais e do reconhecimento ótico de caracteres.

O objetivo deste trabalho é construir, treinar e otimizar um modelo baseado numa rede neural convolucional, capaz de reconhecer os dígitos manuscritos escritos num cheque. Para atingir este objetivo, utilizámos o método descritivo, que nos permitiu descrever o processo de reconhecimento dos caracteres. O método experimental permitiu-nos experimentar o reconhecimento dos dígitos utilizando o conjunto de dados MNIST. A técnica documental permitiu-nos conhecer a organização da base de aprendizagem em valores de pixéis.

Em tempo, o nosso trabalho será realizado durante o ano letivo de 2020-2021. O nosso estudo visa o reconhecimento de números manuscritos, e limitámo-nos a construir o modelo, treiná-lo, testá-lo e optimizá-lo. O sistema pode classificar a imagem com base nos seus valores de pixéis, mas ainda não chegou ao ponto de adquirir uma imagem externa e de a converter em pixéis.

Com exceção da introdução e da conclusão geral, a maior parte deste trabalho será dividida nas secções seguintes, em quatro capítulos principais:

Capítulo I: Aprendizagem artificial; neste capítulo, apresentamos o domínio da ciência da computação em que o nosso trabalho se insere e alguns conceitos-chave relacionados com este domínio.

Capítulo II: Reconhecimento de padrões; neste capítulo, damos uma visão geral do reconhecimento de padrões e dos passos dados para construir um sistema de reconhecimento de escrita.

Capítulo III: Redes neurais convolucionais; este capítulo é dedicado à descrição das redes neurais convolucionais e ao seu lugar no domínio da classificação.

Capítulo IV: Aplicação e interpretação dos resultados; este capítulo trata da parte experimental do nosso trabalho e da apresentação dos resultados obtidos.

CAPÍTULO I

APRENDIZAGEM ARTIFICIAL

I.1. Introdução

O homem é uma criatura que interessa a várias disciplinas devido às necessidades que exprime. Uma dessas necessidades é a de aprender, para nos informarmos e educarmos através do desempenho das nossas capacidades morais, físicas, espirituais e intelectuais. A aprendizagem assume muitas formas: aprendizagem por instrução, por extrapolação, por descoberta, por formação, supervisionada ou autónoma.
Mas atualmente, graças ao rápido desenvolvimento da informática, as máquinas também podem aprender. O objetivo da chamada aprendizagem artificial das máquinas é permitir que estas compreendam os fenómenos naturais. Mas esta compreensão baseia-se na construção de modelos que devem ser capazes de efetuar simulações. Neste capítulo, vamos definir os conceitos de Machine Learning e explicar os tipos de aprendizagem utilizados na aprendizagem automática. Vamos também definir a Aprendizagem Profunda, que é um ramo da Aprendizagem Automática.

I.2. Definições [12]

A aprendizagem artificial é um dos domínios de estudo da inteligência artificial. É a disciplina científica que se ocupa do desenvolvimento, análise e implementação de métodos automatizáveis que permitem a uma máquina (no sentido mais lato) evoluir através de um processo de aprendizagem e, assim, realizar tarefas que são difíceis ou impossíveis de executar por meios algorítmicos mais convencionais.

A aprendizagem artificial, ciência que procura e estabelece ligações entre os princípios gerais da aprendizagem e os métodos e instrumentos que permitem a aprendizagem num determinado contexto.

A aprendizagem automática é atualmente uma componente importante de vários domínios, como o processamento automático da linguagem natural, o reconhecimento de objectos, o reconhecimento da fala, a bioinformática e muitos outros. É ela própria uma disciplina na intersecção de várias outras, como mostra a figura abaixo.

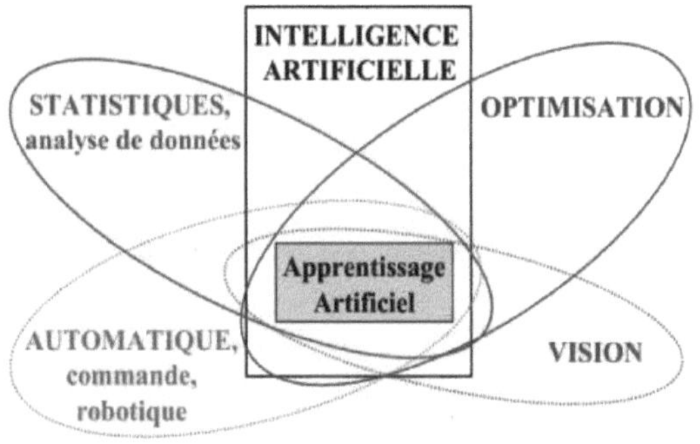

Figura I.1: O carácter multidisciplinar da aprendizagem automática [MINES ParisTech maio de 2011].

I.3. Princípio e objectivos da aprendizagem automática [9]

A aprendizagem automática é definida pela construção de modelos. Isto é feito através de uma abordagem algorítmica. Os algoritmos utilizados permitem, em certa medida, que um sistema controlado por computador (eventualmente um robot) ou assistido por computador adapte as suas análises e o seu comportamento em resposta, com base na análise de dados empíricos provenientes de uma base de dados ou de sensores.

No entanto, a dificuldade reside no facto de o conjunto de todos os comportamentos possíveis, tendo em conta todas as entradas possíveis, se tornar rapidamente demasiado complexo para ser descrito (o que se designa por explosão combinatória). Por conseguinte, confiamos aos programas a tarefa de ajustar um modelo para simplificar esta complexidade e utilizá-lo de forma operacional. Além disso, o modelo deve ser adaptável, ou seja, deve ter em conta as alterações da base de informações para as quais os comportamentos de resposta foram validados, o que constitui uma aprendizagem; esta permite que o sistema de análise ou de resposta se aperfeiçoe. Idealmente, o objetivo da aprendizagem é não ser supervisionada, o que significa que a natureza dos dados de formação não é conhecida. A aprendizagem automática é um domínio vasto e complexo, com muitos objectivos:

✓ Escrever programas informáticos susceptíveis de melhorar automaticamente com o tempo, quer com base na sua própria experiência, quer com base em dados anteriores fornecidos por outros programas;

✓ Prever o comportamento face a novos dados e aproximar uma função ou densidade de probabilidade;

✓ Extrair e explorar automaticamente informações de um conjunto de dados;

✓ Confirmar as hipóteses propostas pelos decisores e analistas e fornecer-lhes uma nível de confiança ;

✓ Equipar os computadores do sistema com módulos de aprendizagem artificial ou automática;

I.4. Aprender

Dependendo do domínio, os dados de conhecimento ou de aprendizagem podem assumir várias formas: palavras, frases, variáveis ou atributos, vectores de valores que definem um conjunto de propriedades de um objeto. Os dados de aprendizagem são frequentemente divididos em 3 categorias:

✓ O conjunto de treino ou população de treino: é o conjunto de candidatos ou exemplos (imagens, atributos) utilizados para gerar o modelo de treino;

✓ O conjunto de teste consiste nos candidatos aos quais o modelo de aprendizagem será aplicado (para testar e corrigir o algoritmo);

✓ O conjunto de validação pode ser utilizado durante a formação (como uma subpopulação do conjunto de formação) para validar (integrar) o modelo e evitar a sobreaprendizagem.

I.5. Termos-chave

Entre os principais conceitos essenciais à Aprendizagem Automática, podemos citar e definir:

✓ Conjunto de dados: Trata-se de um conjunto de valores em que cada valor está associado a uma variável e a uma observação. Na aprendizagem automática, tudo começa com um conjunto de dados que contém os nossos dados. Na aprendizagem supervisionada, o conjunto de dados contém as perguntas (x) e as respostas (y) ao problema que a máquina deve resolver.

✓ O modelo e os seus parâmetros: A partir deste conjunto de dados, criamos um modelo, que não é mais do que uma função matemática. Os coeficientes desta função são os parâmetros do modelo.

✓ A função de custo: Quando testamos o nosso modelo no conjunto de dados, este dá-nos erros. Todos estes erros são designados por função de custo.

✓ A Aprendizagem : A ideia central da Aprendizagem Automática é deixar que o para encontrar os parâmetros do nosso modelo que minimizam a função de custo.

I.6. Tipos de aprendizagem automática

Existem vários tipos de sistemas de aprendizagem, que variam consoante o tipo de problema a resolver. Por conseguinte, é útil classificá-los em diferentes categorias. Os sistemas de aprendizagem automática podem ser classificados de acordo com a extensão e a natureza da supervisão que requerem durante a fase de formação. Existem quatro categorias principais: aprendizagem supervisionada, aprendizagem não supervisionada, aprendizagem semi-supervisionada e aprendizagem por reforço.

I.6.1. Aprendizagem supervisionada [26] [2]

A aprendizagem supervisionada é talvez o tipo de problema de aprendizagem automática mais fácil de compreender: o seu objetivo é aprender a fazer previsões, com base numa lista de exemplos rotulados, ou seja, acompanhados do valor a prever. O ramo da aprendizagem automática conhecido como aprendizagem supervisionada diz respeito a problemas que podem ser formalizados da seguinte forma: dadas n observações {~x i}i=1,...,n descritas num espaço X , e as suas etiquetas {y i}i=1,...,n descritas num espaço Y, assume-se que as etiquetas podem ser obtidas a partir das observações utilizando uma função fixa e desconhecida φ : X → Y: y i = φ(~x i) + i , em que i é um ruído aleatório. A tarefa consiste então em utilizar os dados para determinar uma função f : X → Y tal que, para qualquer par (~x, φ(~x)) E X × Y, f(~x) ≈ φ(~x).

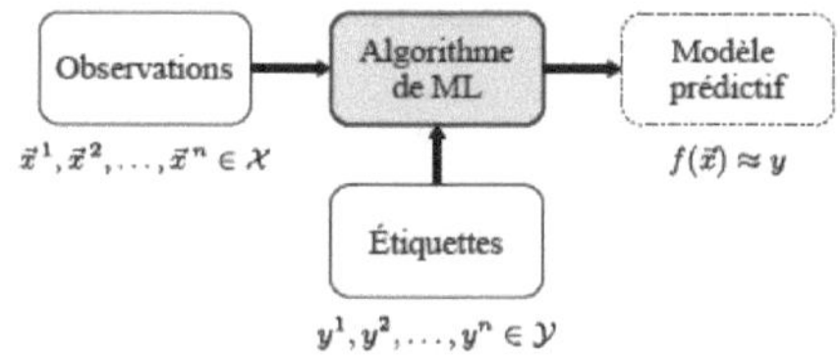

Figure I.2 : Apprentissage supervisé [2]

Figura I.2: Aprendizagem supervisionada [2].

Outra categorização importante na aprendizagem automática, ligada à própria natureza dos objectivos, é o tipo de problema a resolver. Vamos apresentar os dois tipos mais utilizados na literatura. Trata-se de objectivos compostos por valores discretos ou contínuos.

a) Classificação

Normalmente, para um problema de classificação, o conjunto de dados utilizado tem um número finito de classes e cada exemplo está associado a uma delas. O objetivo de cada exemplo terá um valor discreto que representa uma determinada classe. Com esses dados, a aprendizagem automática aprende a atribuir classes às entradas.

Exemplos típicos incluem o reconhecimento de um simples número numa imagem, o facto de um cliente pertencer a um segmento de clientes ou poder fazer parte de um determinado tipo de cliente (insatisfeito, suscetível de cancelar a subscrição de um serviço, etc.) ou a deteção de um vírus com base no comportamento ou nas caraterísticas de uma aplicação de software.

b) Regressão

Num problema de regressão, o objetivo é constituído por um ou mais elementos com valores contínuos. Um modelo de aprendizagem automática aprenderá a prever um ou mais valores reais. Em meteorologia, a previsão da temperatura é um bom exemplo de um problema de regressão. Neste caso, o valor a prever é contínuo. Podem também ser adicionados outros elementos ao alvo, como a pressão atmosférica e a humidade, criando um vetor de valores contínuos.

c) Aprendizagem supervisionada

Existem vários algoritmos de aprendizagem supervisionada:

- ✓ Os K vizinhos mais próximos
- ✓ Máquinas de vetor de suporte
- ✓ Árvores de decisão
- ✓ Redes neuronais

I.6.2. Aprendizagem não supervisionada [25] [2]

A aprendizagem não supervisionada consiste em destacar informações ocultas num grande volume de dados, com o objetivo de detetar tendências ocultas nos dados. Neste caso, os dados não são rotulados e não existem hipóteses ou informações adicionais sobre os dados. Por outras palavras, as classes não são conhecidas e têm de ser determinadas. A aprendizagem não supervisionada é o ramo da aprendizagem automática que lida com problemas que podem ser formalizados da seguinte forma: dadas n observações {~x i}i=1,...,n descritas num espaço X, é necessário aprender uma função em X que verifique determinadas propriedades.

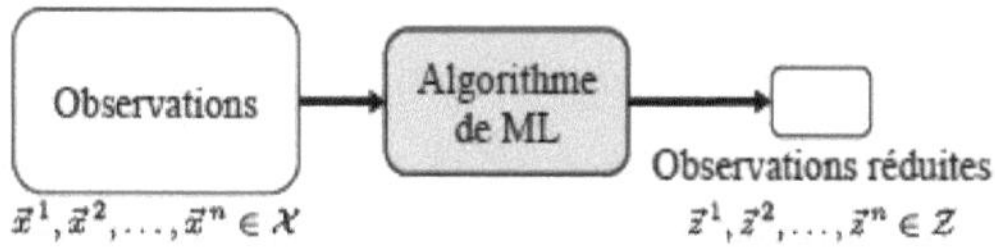

Figura I.3: Aprendizagem não supervisionada [2].

a) **Aplicações**

O problema a resolver pela função f(x) é, portanto, definido pelo utilizador. No entanto, qualquer que seja o problema escolhido, um modelo não supervisionado aprenderá sempre caraterísticas relacionadas com a distribuição de probabilidade que gera os dados de treino. Existem muitos problemas na aprendizagem não supervisionada:

✓ Extração de caraterísticas: A função aprendida f(x) fornece uma nova representação para a entrada x. Em geral, esta representação é utilizada para realizar outra tarefa para a qual é mais útil do que a entrada original.

✓ Estimativa da densidade: A função f(x) deve estimar a distribuição de probabilidade do exemplos do conjunto de acionamento.

✓ Agrupamento: No espaço que contém os dados do conjunto de treino, a aprendizagem deve identificar agrupamentos de exemplos distintos. Obtemos uma função f(x) que fornece o índice do agrupamento associado ao exemplo x.

✓ Redução da dimensionalidade: Tal como na extração de caraterísticas, a função f(x) deve fornecer uma nova representação para a entrada x. No entanto, o objetivo desta vez é obter uma representação com uma dimensionalidade menor do que a da entrada, mantendo a informação importante.

b) **Aprendizagem não supervisionada**

Existem vários algoritmos, tais como :

✓ K-means (KMeans)

✓ Agrupamento hierárquico

✓ Fuzzy c-means

I.6.3. Aprendizagem semi-supervisionada [2]

A aprendizagem semi-supervisionada consiste em aprender etiquetas a partir de um conjunto de dados parcialmente etiquetado. A primeira vantagem desta abordagem é o facto de evitar a necessidade de rotular todos os exemplos de treino, o que é relevante quando é fácil acumular dados, mas a sua rotulagem exige uma certa quantidade de trabalho humano.

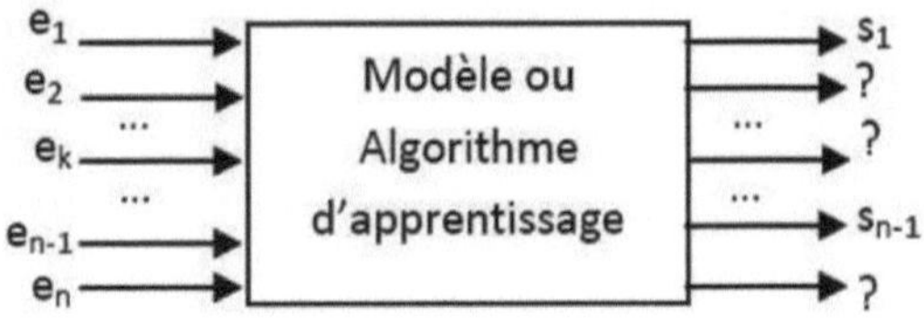

Figura I.4: Aprendizagem semi-supervisionada

I.6.4. Aprendizagem por reforço [2]

Na aprendizagem por reforço, o sistema de aprendizagem pode interagir com o seu ambiente e realizar acções. Em troca destas acções, obtém uma recompensa, que pode ser positiva se a ação foi uma boa escolha, ou negativa se não foi. A recompensa pode, por vezes, ser obtida após uma longa série de acções; é o caso, por exemplo, de um sistema que aprende a jogar Go ou xadrez. Neste caso, a aprendizagem consiste em definir uma política, ou seja, uma estratégia para obter sistematicamente a melhor recompensa possível. As principais aplicações da aprendizagem por reforço são os jogos (xadrez, go, etc.) e a robótica.

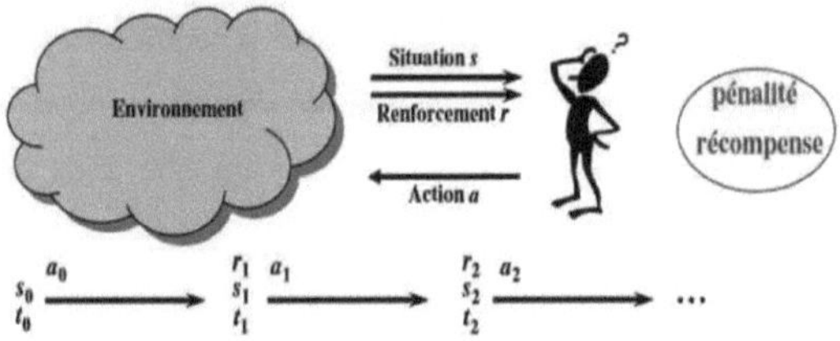

Figura I.5: Aprendizagem por reforço

I.7. Domínios de aplicação da aprendizagem automática

Entre os muitos domínios de aplicação da aprendizagem artificial, podemos citar :

- ✓ Reconhecimento de escrita
- ✓ Diagnóstico médico
- ✓ Motores de pesquisa
- ✓ Condução autónoma
- ✓ Visão por computador
- ✓ Robótica
- ✓ Analisar e compreender imagens
- ✓ Reconhecimento de padrões

I.8. Aprendizagem profunda [9]

I.8.1. Introdução

A aprendizagem profunda é uma disciplina da inteligência artificial e, mais especificamente, um ramo da aprendizagem automática. Envolve permitir que as máquinas aprendam com a sua própria experiência, da mesma forma que os humanos.

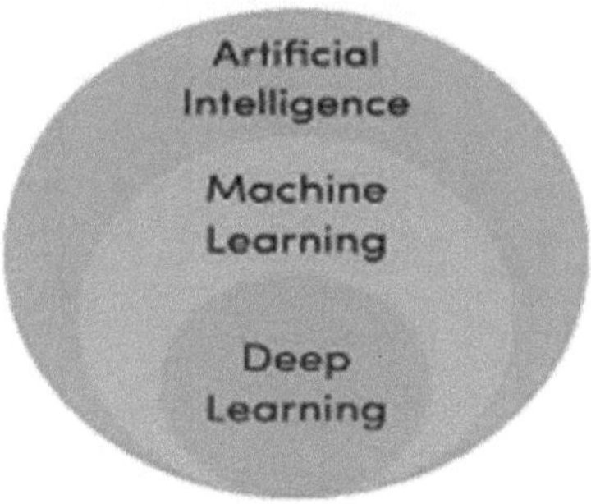

Figura I.6 : Relação entre inteligência artificial, aprendizagem automática e aprendizagem profunda [https://f.hubspotusercontent10.net/hubfs/636866/Blog/FR/FR%20Blog%20Inside%20Images/IAvs-ML-DL.png]

As redes neuronais artificiais em que se baseia a Aprendizagem Profunda aprendem descobrindo estruturas nos dados que lhes são fornecidos. Estas redes desenvolvem modelos de cálculo compostos por várias camadas de processamento, de modo a criar vários níveis de abstração para representar os dados. Um modelo de Deep Learning do tipo rede neural convolucional pode ser treinado com milhões de imagens de gatos. Aprenderá então a reconhecer os pixéis que representam um gato, a fim de os classificar como tal. Com um sistema convencional de Aprendizagem Automática, um perito humano teria de despender uma quantidade considerável de tempo a configurar o sistema para lhe permitir detetar as caraterísticas do gato. No caso da Aprendizagem Profunda, tudo o que é necessário é uma grande quantidade de imagens. Os algoritmos de aprendizagem profunda superam os sistemas de aprendizagem automática num grande número de tarefas, incluindo a visão computacional, o reconhecimento da fala e a robótica. No entanto, é necessário configurar os hiperparâmetros para que o modelo seja eficaz.

A aprendizagem profunda é utilizada numa grande variedade de aplicações, como a deteção de doenças, a inspeção de equipamentos industriais, veículos autónomos, a descoberta de exoplanetas ou medicamentos, o estudo do genoma ou a luta contra o aquecimento global.

I.8.2. Como funciona a aprendizagem profunda [18]

A aprendizagem profunda baseia-se numa rede de neurónios artificiais inspirada no cérebro humano. Esta rede é composta por dezenas ou mesmo centenas de camadas de neurónios, cada uma recebendo e interpretando informações da camada anterior.

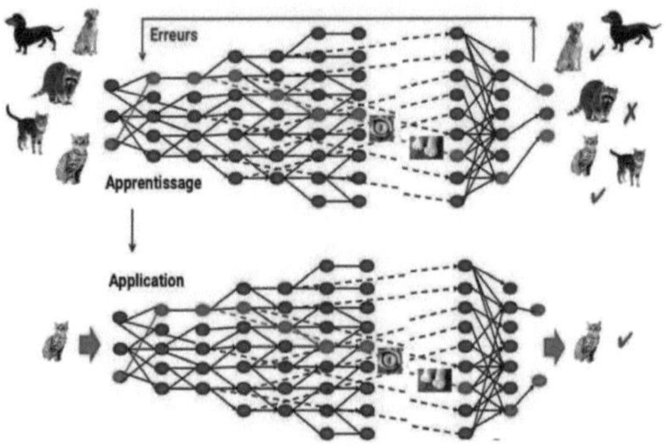

Figura I.7: O processo de aprendizagem e identificação de um gato utilizando a aprendizagem profunda [https://www.futura-sciences.com/tech/definitions/intelligence-artificielle-deep-learning17262/]

Em cada etapa, as respostas erradas são eliminadas e reenviadas a montante para ajustar o modelo matemático. À medida que avança, o programa reorganiza a informação em blocos mais complexos. Quando este modelo é posteriormente aplicado a outros casos, é normalmente capaz de reconhecer um gato sem que ninguém lhe diga que nunca aprendeu o conceito de gato. Os dados iniciais são essenciais, e quanto mais experiências diferentes o sistema acumular, melhor será o seu desempenho.

I.8.3. Algoritmo de aprendizagem profunda

Existe um grande número de variantes de arquitecturas profundas. A maioria delas é derivada de algumas das arquitecturas-mãe originais. Nem sempre é possível comparar o desempenho de todas as arquitecturas, uma vez que nem todas são avaliadas nos mesmos conjuntos de dados. A aprendizagem profunda é um domínio em rápido crescimento, e todas as semanas surgem novas arquitecturas, variantes ou algoritmos. Existem vários algoritmos de aprendizagem profunda:

- ✓ Redes Neuronais Recorrentes (RNN)
- ✓ Redes Adversariais Generativas (GAN)
- ✓ Redes Neuronais Convolucionais (CNN)

As redes neuronais convolucionais (CNN) e as suas diferentes camadas serão explicadas mais pormenorizadamente noutro capítulo.

I.8.4. Aplicação da aprendizagem profunda

A aprendizagem profunda é utilizada em muitos domínios:

- ✓ Reconhecimento de imagens
- ✓ Tradução automática
- ✓ Recomendações personalizadas
- ✓ Exploração espacial
- ✓ Deteção de fraudes

I.9. Conclusão

Os vários algoritmos utilizados em ML surgiram durante o século XX. Durante anos, as redes neuronais foram relegadas para o esquecimento. A recente emergência da Aprendizagem Profunda, que é um ramo da Aprendizagem Automática, deve-se ao desenvolvimento de GPUs e à disponibilidade de grandes quantidades de dados. É justo dizer que esta tecnologia tem estado à frente do seu tempo. A Aprendizagem Profunda tem muitas aplicações em todos os domínios, desde o processamento de voz ao reconhecimento de padrões. O próximo capítulo centrar-se-á no reconhecimento de padrões informáticos, que é essencial para este projeto.

CAPÍTULO II

RECONHECIMENTO DE PADRÕES

II.1. Introdução

Todos os dias, os seres humanos realizam intuitivamente a tarefa de distinguir entre objectos de forma conhecida. Para estas tarefas simples, os seres humanos são considerados sistemas relativamente perfeitos em comparação com os sistemas de reconhecimento artificial. No entanto, o reconhecimento torna-se muito difícil e exige mais esforço e tempo noutros casos, tais como: ler os montantes de cheques, endereços, cartas para os classificar de acordo com a cidade, pesquisar uma enorme base de dados de impressões digitais para julgar um suspeito, determinar a identidade de um orador a partir da sua voz. O reconhecimento automático de padrões está a regressar, não para substituir os seres humanos por máquinas, mas para os aliviar de tarefas críticas e entediantes. Este capítulo começa com uma apresentação geral do reconhecimento de padrões, delineando o quadro geral e as áreas típicas de aplicação. O capítulo termina com uma breve descrição de cada etapa do esquema geral de um sistema de reconhecimento de escrita.

II.2. Panorâmica do reconhecimento de padrões [5] [24] [6].

O conceito de forma deve ser tomado num sentido mais lato, não apenas o de forma geométrica, mas antes o de padrões, que podem ser de vários tipos. Podem ser visuais (códigos de barras, rostos, impressões digitais, etc.), auditivos (fala), químicos (cheiro), multiespectrais (imagens de satélite) e muitos outros.

II.2.1. Definição

O reconhecimento de padrões (ou RDF) é um domínio da inteligência artificial que permite criar sistemas informáticos capazes de simular as actividades humanas de perceção, reconhecimento e compreensão: reconhecimento da escrita, da fala, etc. Tem origem em diferentes disciplinas: matemática (probabilidade e estatística), ciências da engenharia e ciências da computação. Esta disciplina refere-se a métodos que, a partir da observação de um objeto, permitem uma classe específica. Por exemplo, um sistema que, com base numa observação de radar, classifica objectos voadores numa classe de aeronaves ou numa classe de não aeronaves, executa uma tarefa de reconhecimento de objectos.

II.2.2. Objetivo do reconhecimento de padrões

O objetivo do reconhecimento de padrões é criar sistemas informáticos que simulem as actividades humanas de perceção, reconhecimento e compreensão: reconhecimento da escrita, da fala, interpretação de cenas e robótica. O problema que o reconhecimento de padrões procura resolver é associar uma classe a uma forma desconhecida (que ainda não tem uma classe associada). O reconhecimento de padrões é frequentemente visto como um problema de classificação: encontrar a função que atribui qualquer forma desconhecida à sua classe mais relevante.

II.2.3. Princípio e formulação

O princípio geral do **RDF** consiste em classificar novas formas utilizando um classificador que gera uma função de associação para cada classe. Desta forma, um novo ponto pode ser classificado de acordo com o valor de associação que obtém em relação a cada classe. O reconhecimento de padrões é efectuado em duas fases: aprendizagem a partir de dados conhecidos e classificação de dados novos ou desconhecidos. Antes destas duas fases, é utilizada uma fase de pré-processamento para encontrar o conjunto mínimo de parâmetros informativos necessários para estabelecer o espaço de representação.

II.2.4. Alguns métodos de reconhecimento de padrões

Neste caso, tentamos fazer corresponder as diferentes formas de representação dos exemplares e das classes aos diferentes métodos de aprendizagem e de reconhecimento. Mas correspondem também a diferentes formas de abordar o problema do reconhecimento de padrões. O que nos interessa aqui é a simulação de um ser humano numa tarefa de reconhecimento, o que não abrange todos os problemas tratados pelo reconhecimento de padrões. As formas procuradas podem ser formas geométricas bem conhecidas como o círculo, a elipse, o triângulo, o polígono, o retângulo, o quadrado, a linha, a curva, a reta e formas complexas como uma impressão da retina, uma impressão digital, uma letra ou um número. Existem vários algoritmos de aprendizagem para o reconhecimento de padrões:

- ✓ Método Bayesiano ;
- ✓ Classificador linear ;
- ✓ O algoritmo de aprendizagem profunda ;
- ✓ Redes neurais de convolução ;
- ✓ Máquinas de vectores de suporte ... etc.

No nosso trabalho, estamos apenas interessados no reconhecimento de padrões utilizando redes neuronais de convolução.

II.2.5. Aplicações típicas do reconhecimento de padrões

De um modo geral, os objectos a reconhecer são do tipo sinal ou imagem, o que implica dois factores principais aplicações das famílias :

a) Reconhecimento de sinais

Esta família tenta automatizar a interpretação dos sinais:

- ✓ Os sinais de voz automatizam o comportamento auditivo de um ser humano:

reconhecimento de voz, reconhecimento de altifalantes ;

- ✓ Sinais biomédicos: eletrocardiograma ;
- ✓ Monitorização de instrumentos, diagnóstico de avarias ;

b) Reconhecimento de padrões em imagens digitais

Nesta família, estamos a tentar automatizar o processo de visão humana:

- ✓ Reconhecimento de impressões digitais ;
- ✓ Reconhecimento de escrita ;
- ✓ Análise de documentos ;
- ✓ Imagens de satélite ;
- ✓ Análise de cenas, imagens ;

II.3. Noções básicas de imagem

II.3.1. Definição [22]

Uma imagem é uma representação plana de uma cena ou objeto localizado num espaço tridimensional. Pode ser descrita sob a forma de uma função I (x, y) em que x e y são as coordenadas espaciais de um ponto na imagem e I é uma função da intensidade da luz (nível de cinzento e cor). A informação numa imagem é :

✓ Número de linhas ;

✓ Número de colunas ;

✓ Formato do pixel (bits, níveis de cinzento, níveis de cor) ;

✓ Compressão possível ;

II.3.2. Digitalização

A digitalização envolve a criação de uma cópia digital de um documento original em formato papel que pode ser acedido e utilizado em linha. Uma imagem pode ser representada por uma matriz bidimensional de valores numéricos f(x, y), em que x, y são as coordenadas cartesianas de um ponto na imagem e f(x, y) dá o nível de cinzento nesse ponto. Cada elemento I(x, y) desta matriz representa um pixel na imagem. O valor deste pixel será associado a um nível de cinzento codificado em m bits (2^m níveis de cinzento; 0 = preto; 1=branco). O valor em cada ponto exprime a intensidade luminosa percepcionada pelo sensor.

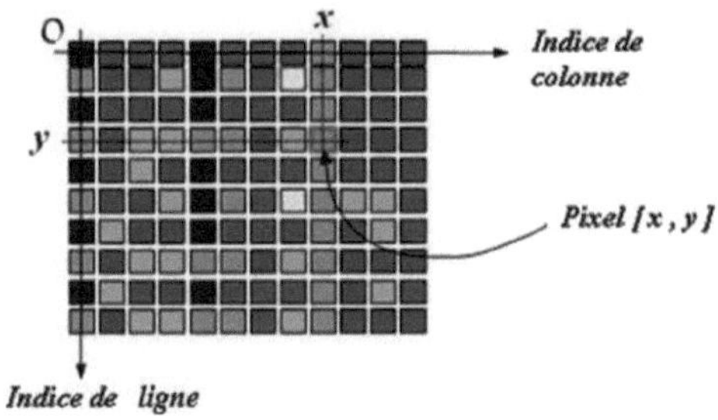

Figura II.1: Imagem digital

A imagem é guardada sob a forma de um ficheiro informático que contém :

✓ Um nome ;

✓ Um sufixo de 3 letras (por exemplo, bmp, jpg, etc.) que especifica o tipo de codificação utilizado.

II.3.3. Pixel [22] [13]

Este é o elemento mais pequeno utilizado para definir a base de uma imagem digital. Representa um determinado ponto (x, y) no plano da imagem. A informação apresentada pelo pixel é o nível de cinzento (ou cor) retirado da localização correspondente na imagem real. Para uma imagem monocromática, cada pixel é codificado num byte. Numa imagem a cores (RGB), um pixel pode ser representado em três bytes, ou seja, um byte para cada uma das cores primárias: vermelho (R), verde (G) e azul (B).

II.3.4. Tamanho da imagem [13]

O tamanho de uma imagem corresponde ao número de pontos (ou píxeis) que compõem a largura e a altura de uma imagem digital (o número de colunas e o número de linhas). É também conhecido como tamanho do pixel. Exemplo: uma imagem com uma definição de 1600 x 1200 corresponde a uma imagem com 1600 píxeis de largura e 1200 píxeis de altura. Também sabemos que 100 píxeis = 1 polegada = 25,4 mm.

II.3.5. Diferentes formatos

a) Imagem rasterizada

Uma imagem rasterizada (ou mapa de bits) é constituída por uma matriz de pontos ou pixéis. Cada ponto contém informação sobre a posição e a cor. Quanto maior for a densidade dos pontos, maior será a quantidade de informação e maior será a resolução da imagem. As imagens vistas num ecrã de televisão ou numa fotografia são imagens rasterizadas.

b) Imagem vetorial

Uma imagem vetorial é uma imagem digital composta por vários objectos geométricos individuais (linhas, polígonos, arcos de círculos). Numa imagem vetorial, os dados são representados através de fórmulas matemáticas. Isto permite que a imagem seja ampliada indefinidamente sem perda de qualidade e com um tamanho reduzido.

II.3.6. Código de cores

Existem 3 tipos principais de cor numa imagem digital:

✓ Codificação de imagens a preto e branco ;

✓ Codificação de imagens em escala de cinzentos ;

✓ Codificação de imagens a cores ;

Estes tipos são geralmente selecionados quando se digitaliza com um scanner ou quando se utiliza a configuração.

a) **Codificação de uma imagem a preto e branco**

A codificação de imagem mais simples é a preto e branco. Neste tipo de codificação, a cor é codificada num bit que pode assumir 2 valores (0 e 1). Para uma imagem raster a preto e branco, cada pixel é codificado por 1 bit preto ou branco.

b) **Codificação de uma imagem em escala de cinzentos**

A escala de cinzentos é uma gama de tons monocromáticos do preto ao branco. Por conseguinte, uma imagem em escala de cinzentos contém apenas tons de cinzento e nenhuma cor. Tudo o que é codificado aqui é o nível de intensidade da luz, geralmente num byte (256 valores). Por convenção, o valor zero representa o preto (intensidade luminosa zero) e o valor 255 representa o branco (intensidade luminosa máxima).

c) **Codificação de uma imagem a cores**

A cor é codificada em três bytes, cada byte representando o valor de um componente de cor através de um número inteiro de 0 a 255. Estes três valores codificam geralmente a cor no espaço RGB. O número de cores diferentes que podem ser representadas desta forma é de 256 x 256 x 256 possibilidades, ou seja, quase 16 milhões de cores. Como a diferença de nuance entre duas cores muito próximas mas diferentes neste modo de representação é quase impercetível para o olho humano, é conveniente assumir que este sistema fornece uma reprodução exacta das cores, razão pela qual são designadas por cores verdadeiras.

II.4. Diagrama geral de um sistema de reconhecimento de caracteres [17]

Um sistema de reconhecimento assume a forma de um conjunto de módulos, começando com a aquisição dos caracteres a reconhecer e terminando com o seu reconhecimento efetivo. Nesta secção, centramo-nos nos sistemas de reconhecimento off-line, apresentando as principais fases de uma cadeia de reconhecimento de escrita. Vamos analisar as seguintes fases: aquisição (scanning, digitalização), pré-processamento, segmentação, extração de caraterísticas e, se necessário, classificação.

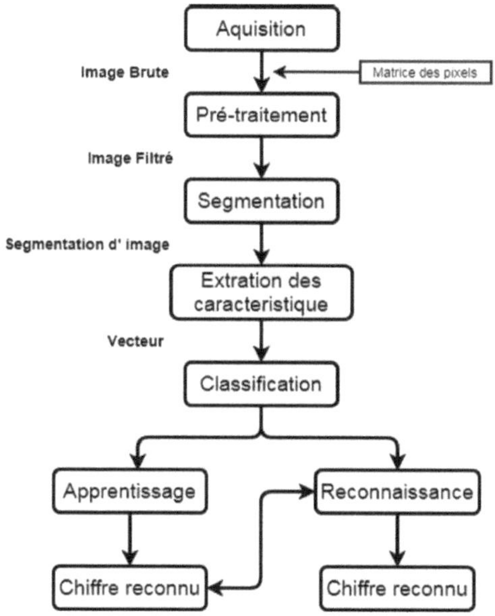

Figura II.2: Esquema geral de um sistema de reconhecimento de dígitos

II.4.1. Aquisição de imagens

Esta fase consiste em captar a imagem de um texto através de sensores físicos (scanner, câmara, etc.) e convertê-la em quantidades digitais adequadas ao sistema de tratamento, com o mínimo de degradação possível. Podem também captar imagens em escala de cinzentos (até 256 níveis) ou mesmo a cores. Os números são escritos em papel (cheques ou papel normal) e adquiridos por scanner ou câmara.

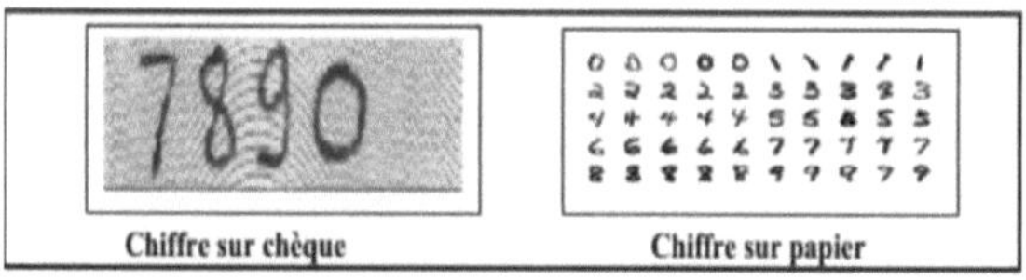

Figura II.3: Imagens adquiridas [17]

Existem dois tipos de aquisição: aquisição offline e aquisição online. cada uma com as suas próprias ferramentas de aquisição e algoritmos de reconhecimento correspondentes.

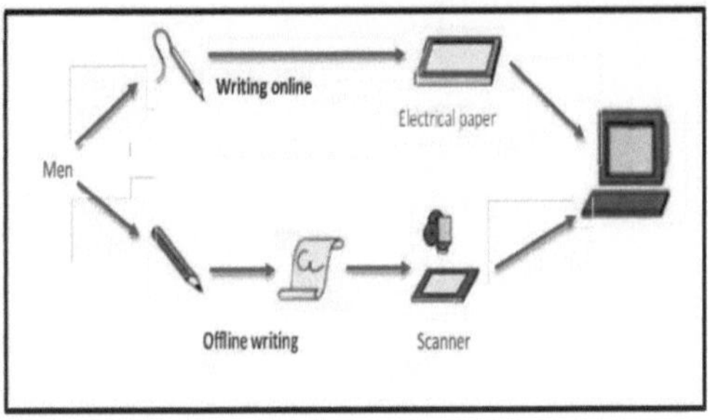

Figura II.4: Comunicação escrita homem-máquina [17]

a) **Aquisição de escrita offline** ;

Trata-se de reconhecer textos manuscritos a partir de documentos previamente escritos. A imagem do texto escrito é digitalizada através de um scanner ou de câmaras de varrimento em linha, e a informação recolhida assume a forma de uma imagem discreta constituída por um conjunto de pixels. A resolução da imagem digitalizada influencia as fases seguintes de um sistema de leitura automática

b) **Aprender a escrever em linha** ;

Os dispositivos de aquisição mais comuns são as mesas digitalizadoras ou o papel eletrónico. A amostragem do traço fornece uma série de coordenadas que descrevem a trajetória do tempo da caneta. As mesas digitalizadoras mais avançadas permitem igualmente aceder à informação sobre a pressão e a inclinação da caneta.

II.4.2. Pré-tratamento

O pré-processamento da imagem consiste em eliminar o ruído devido às condições de aquisição e reter apenas a informação significativa sobre a forma representada para facilitar o processamento subsequente. Se a aquisição foi efectuada em escala de cinzentos ou a cores, a binarização será frequentemente uma destas operações de pré-processamento. As operações de pré-processamento geralmente utilizadas incluem: binarização, remoção de ruído, normalização e esqueletização, retificação da caligrafia, etc.

a) **Binarização da imagem**

A binarização é a conversão de uma imagem a cores, definida por vários níveis de cinzento, numa imagem bitonal (constituída por dois valores 0 e 1) que permite a classificação entre o fundo (imagem do suporte de papel a branco) e a forma (linhas de gravuras e caracteres a preto).

Foram desenvolvidas várias técnicas para transformar uma imagem a cores ou em escala de cinzentos numa imagem binária. Todas estas técnicas se baseiam no princípio da limiarização, como se mostra na equação seguinte:

$$I_b(x,y)=\begin{cases}0 \text{ si } In(x,y) < T\\ 1 \text{ si } In(x,y) \geq T\end{cases}$$

$I_n(x, y)$ descreve a intensidade em "n" níveis de cinzento em cada ponto da imagem, $I_b(x, y)$ representa a intensidade em dois níveis e T é o limiar de binarização. Se $I_n(x, y)$ for superior ao valor do limiar, então o ponto da imagem correspondente ao valor máximo de intensidade (branco) é atribuído. Caso contrário, o ponto é considerado preto e é-lhe atribuído o valor mínimo de intensidade. A figura seguinte ilustra a fase de binarização:

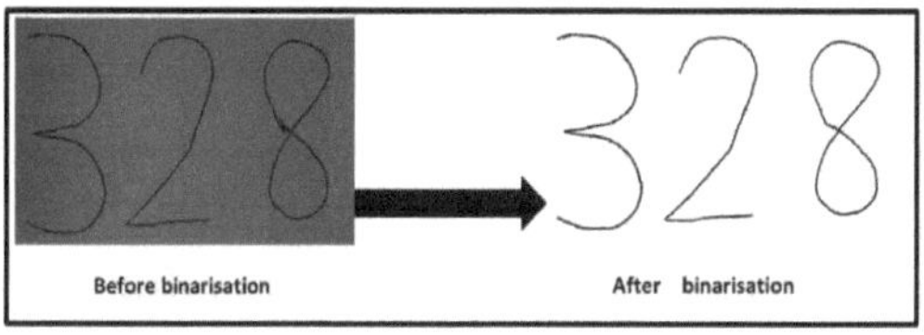

Figura II.5: Exemplo de binarização [17].

O papel da limiarização consiste em eliminar pontos indesejados e obter uma imagem clara que possa ser distinguida do fundo. De acordo com o princípio da limiarização da binarização, existem dois tipos de binarização: limiarização global e limiarização adaptativa.

✓ Limiarização global: A limiarização global consiste em definir um limiar ajustável que é idêntico para toda a imagem. Cada pixel da imagem é comparado com este limiar e assume o valor branco ou preto, consoante seja mais alto ou mais baixo. A classificação depende então apenas do nível de cinzento do pixel em questão.

✓ Limiarização adaptativa: é calculado um limiar de binarização para cada pixel da imagem em função da sua vizinhança.

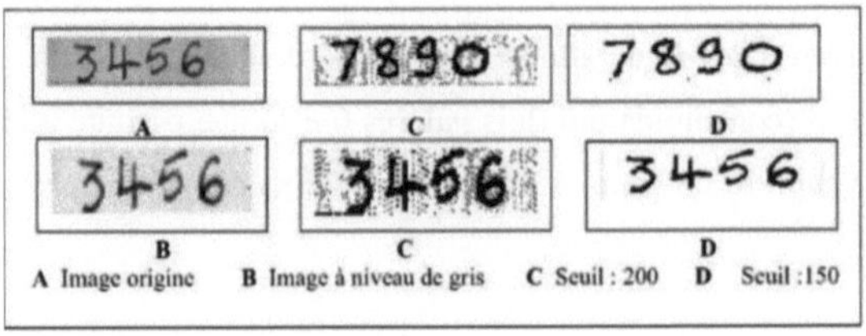

Figura II.6: Imagens com diferentes limiares [17].

O limiar deve ser calculado com cuidado, pois muitas vezes há o risco de perder a informação, como mostram os exemplos.

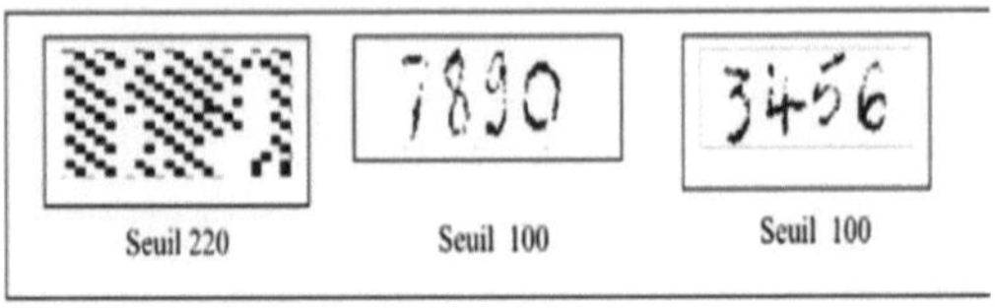

Figura II.7: Diferentes limiares para uma imagem a preto e branco [17]

b) Eliminação do ruído

O problema do ruído é muito importante mas muito difícil, sobretudo quando o utilizador escreve numa folha com um fundo complexo, como o papel colorido. Uma técnica simples consiste em subtrair a imagem de entrada da imagem sobre o papel colorido (não há escrita). No entanto, as duas imagens devem estar alinhadas e qualquer escrita que atravesse os elementos do fundo será removida.

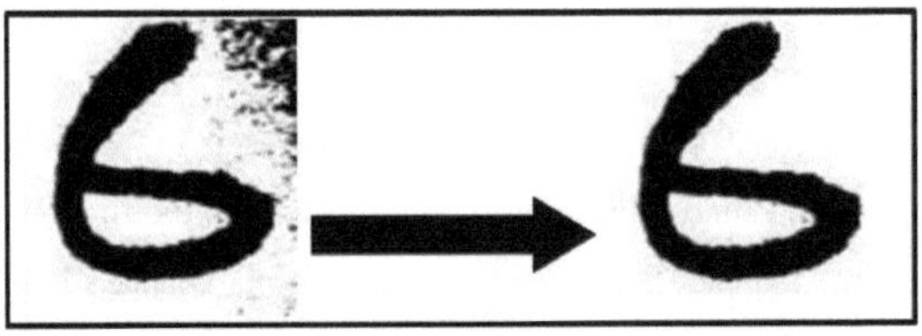

Figura II.8: Exemplo de eliminação de ruído [17].

c) **Normalização de imagens**

Para facilitar a fase de reconhecimento, os dígitos segmentados devem ser normalizados num tamanho fixo. A principal limitação reside na escolha deste tamanho. Se for demasiado pequeno, corre-se o risco de perder informação; se for demasiado grande, a fase de reconhecimento funcionará lentamente.

d) **Esqueletização**

O objetivo desta técnica é simplificar a imagem do personagem numa imagem de "linha" que seja mais fácil de processar, reduzindo-a ao contorno do personagem. Os algoritmos de esqueletização baseiam-se em métodos iterativos. O processo é efectuado em passagens sucessivas para determinar se um determinado pixel é essencial para o manter no traço ou não. O resultado deste processo é um esqueleto de um carácter manuscrito.

e) **Endireitar a caligrafia**

Um dos problemas encontrados no reconhecimento de caracteres é a inclinação das linhas de texto, que introduz dificuldades na segmentação. A inclinação pode provir da entrada, se o documento tiver sido colocado num ângulo, ou pode ser intrínseca ao texto. Neste caso, o texto precisa de ser endireitado para restaurar a estrutura de linhas horizontais de uma imagem de texto. Se α for o ângulo de inclinação, para endireitar a imagem é efectuada uma rotação isométrica do ângulo -α utilizando a seguinte transformação linear:

$x^r = x \cos a + y \sin a$

$\{y_, = y \cos a + x \sin a$

II.4.3. Segmentação

Para simplificar a tarefa de reconhecimento, a segmentação permite que a sequência de dígitos manuscritos seja dividida em várias entidades. Isto implica dividir a sequência de dígitos em várias imagens, cada uma contendo um dígito isolado.

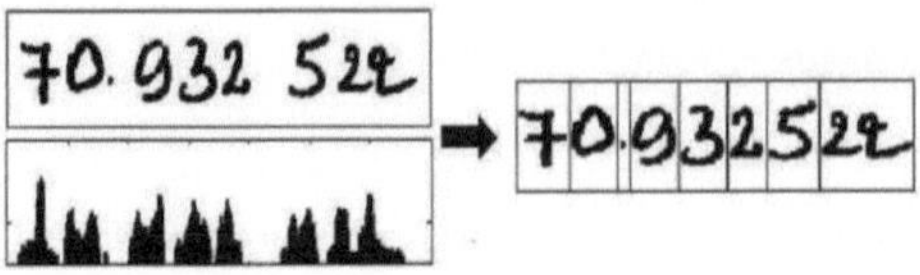

Figura II.9: Segmentação de figuras utilizando o histograma de projeção vertical [17]

Na prática, são necessárias duas fases de segmentação. A primeira fase é a segmentação primária, que separa os caracteres de acordo com os cruzamentos zero (ou utilizando um limiar predefinido) do histograma de projeção vertical. No final desta fase, nem todos os dígitos ligados, sobrepostos ou parcialmente sobrepostos são segmentados. Existe também o risco de os dígitos fragmentados serem divididos em dois. Por este motivo, a segunda fase, designada por segmentação secundária, define regras de segmentação baseadas numa análise dos tipos de ligação.

II.4.4. Extração de caraterísticas

A extração de caraterísticas envolve a transformação de uma imagem (figura, etc.) num vetor de caraterísticas de tamanho fixo. Esta transformação implica mudar o espaço de representação dos dados do plano da imagem para um espaço n-dimensional. A escolha das caraterísticas é fundamental e tem uma influência clara no resultado. Estas caraterísticas devem ter as seguintes propriedades

✓ Discriminação: permite uma boa diferenciação entre as classes de símbolos a reconhecer.

✓ Número limitado de dimensões: a maldição da dimensionalidade deve ser evitada de modo a manter um número limitado de dimensões.

✓ Invariantes: as caraterísticas devem ser invariantes à translação, rotação e mudança de escala, e devem também ser independentes da distorção e do ruído.

II.4.5. Classificação

A classificação envolve a atribuição de uma determinada forma a uma classe predefinida. Esta fase combina duas tarefas: aprendizagem e reconhecimento. Nesta fase, as caraterísticas da fase anterior são utilizadas para identificar um segmento de texto e atribuí-lo a um modelo de referência.

a) Aprendizagem

No caso da aprendizagem, trata-se de fornecer ao sistema um conjunto de formas já conhecidas (a classe de cada uma delas é conhecida). É este conjunto de treino que permitirá ajustar o sistema de reconhecimento para que seja capaz de reconhecer formas de classes desconhecidas numa data posterior.

A aprendizagem consiste em dois conceitos diferentes: formação e adaptação. A formação consiste em ensinar o sistema a descrever caraterísticas, enquanto a adaptação é utilizada para melhorar o desempenho do sistema, aprendendo com a experiência anterior.

b) Reconhecimento e decisão :

A decisão é a fase final do reconhecimento. Com base na descrição do parâmetro do traço, o módulo de reconhecimento procura os modelos de referência mais próximos disponíveis. O reconhecimento pode conduzir ao sucesso se a resposta for única (um único modelo corresponde à descrição da forma do carácter). Pode dar origem a confusão se a resposta for múltipla (vários modelos correspondem à descrição). Finalmente, pode levar à rejeição da forma se nenhum modelo corresponder à sua descrição. Nos dois primeiros casos, a decisão pode ser acompanhada de uma medida de verosimilhança, também conhecida como pontuação ou taxa de reconhecimento.

II.5. Conclusão

Neste capítulo, apresentámos brevemente o domínio do reconhecimento de padrões, uma tarefa importante utilizada na classificação, e concentrámo-nos mais no reconhecimento de caracteres, que é a área que mais nos interessa neste trabalho. Foi introduzido um modelo geral de cinco fases. Este reflecte, de um modo geral, o processo de reconhecimento. É de notar que existem diferentes formas de abordar este domínio e que não existem métodos fundamentais para o processamento automático de um determinado texto. No nosso trabalho, utilizamos um sistema de reconhecimento baseado numa rede neural convolucional. O capítulo seguinte apresenta uma descrição pormenorizada deste método de classificação aplicado ao reconhecimento de dígitos manuscritos.

CAPÍTULO III

REDES NEURAIS CONVOLUCIONAIS

III.1. Introdução

As redes neuronais, que são constituídas por estruturas celulares artificiais, oferecem uma nova abordagem aos problemas da perceção, da memória, da aprendizagem e do raciocínio. Revelam-se também como alternativas muito promissoras para contornar algumas das limitações dos computadores convencionais. Graças ao seu processamento paralelo de informação e aos seus mecanismos, inspirados nas células nervosas (neurónios), inferem propriedades emergentes que nos permitem resolver problemas outrora descritos como complexos. O objetivo deste capítulo é apresentar as redes neuronais convolucionais (CNN). Para o efeito, é necessária uma apresentação geral das CNN, seguida de uma análise detalhada das diferentes camadas, da escolha dos parâmetros e da apresentação de diferentes métodos de regulação. Finalmente, as vantagens das CNNs serão discutidas para concluir este capítulo.

III.2. Informações gerais sobre as CNNs [3]

As redes neuronais convolucionais são especialmente concebidas para processar imagens de entrada. São as mais poderosas em termos de classificação de imagens. Estas redes têm duas partes distintas. A primeira é a parte convolucional, que é o que torna este tipo de rede tão especial. Esta parte funciona como um extrator de caraterísticas. Uma imagem passa por uma sucessão de filtros de convolução. Normalmente, uma camada de convolução é seguida por uma função de ativação. Existem alguns filtros intermédios para reduzir a resolução da imagem através de uma operação de máximo local. Este processo pode ser repetido várias vezes. Finalmente, os mapas de convolução são concatenados num vetor, designado por código CNN. Este vetor representa a saída do primeiro bloco e a entrada do segundo. A segunda parte não é caraterística de uma CNN, mas consiste numa camada totalmente ligada. O papel desta parte é combinar as caraterísticas do código CNN para classificar a imagem. A saída é uma última camada que contém tantos elementos quantas as classes existentes. Os valores numéricos obtidos são geralmente normalizados entre 0 e 1, com uma soma de 1, para produzir uma distribuição de probabilidades sobre as categorias. Tal como nas redes neuronais normais, os parâmetros das camadas são determinados por retropropagação gradiente. No entanto, no caso das CNN, estes parâmetros referem-se, nomeadamente, às caraterísticas das imagens.

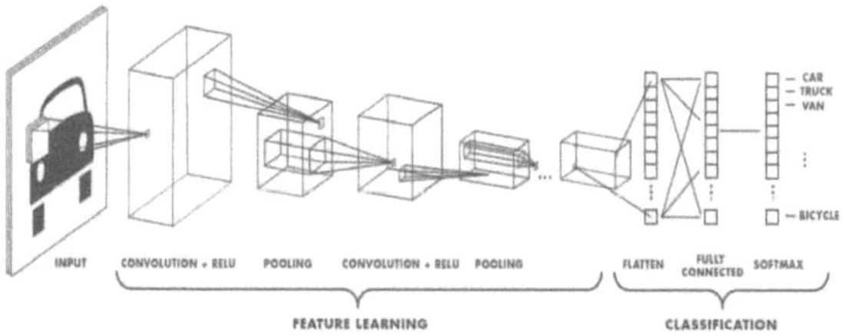

Figura III.1: Arquitetura padrão de uma rede neural convolucional [Https://medium.com/@RaghavPrabhu/understanding-of-convolutional-neural-network-cnn-deep-learning-99760835f148].

III.3. Diferentes camadas numa CNN [16]

A arquitetura de uma CNN é constituída por uma pilha de camadas de processamento independentes:

✓ A camada de convolução, que processa os dados de um campo recetor.

✓ A camada de pooling, que comprime a informação reduzindo o tamanho da imagem intermédia (frequentemente por subamostragem).

✓ A camada de correção, muitas vezes erradamente designada por ReLU em referência à função de ativação (Linear Rectification Unit).

✓ A camada "totalmente ligada", que é uma camada do tipo perceptrão.

✓ A camada de perdas (LOSS)

III.3.1. Camada de convolução

a) Princípio de funcionamento

A camada de convolução é o componente chave das CNNs e está presente pelo menos na primeira camada. O objetivo desta camada é encontrar um conjunto de caraterísticas nas imagens recebidas como entrada. É aqui que entra a operação de convolução: o princípio é "arrastar" uma janela que representa a caraterística para a imagem. Neste caso, a caraterística é considerada como um filtro. Os filtros correspondem exatamente às caraterísticas que queremos encontrar nas imagens. O resultado é um mapa de caraterísticas que mostra a localização das caraterísticas na imagem. Numa CNN, as caraterísticas não são predefinidas de acordo com um determinado formalismo como nos métodos tradicionais; são aprendidas durante a fase de treino da rede . Por conseguinte, as CNN são capazes de determinar sozinhas as caraterísticas discriminatórias de uma imagem.

b) **Cálculo das dimensões de saída** [8] [3] [24]

O cálculo do tamanho da saída associada a uma camada de convolução requer o conhecimento de três hiper-parâmetros.

✓ Passo: no contexto de uma operação de convolução, o passo ou "stride" refere-se ao passo em que o núcleo é deslocado através da imagem após cada operação.

✓ Profundidade: é o número de núcleos ou filtros de convolução.

✓ Preenchimento com zeros: é comum utilizar uma margem de zeros à volta da entrada. O preenchimento com zero é uma técnica que consiste em adicionar P zeros a cada lado dos limites da entrada.

Seja I o lado associado à entrada, F a dimensão do núcleo, P a espessura da margem zero e s a amplitude do degrau utilizado; a dimensão O da saída é então dada por :

$$O = \frac{I - F + 2P}{S} + 1$$

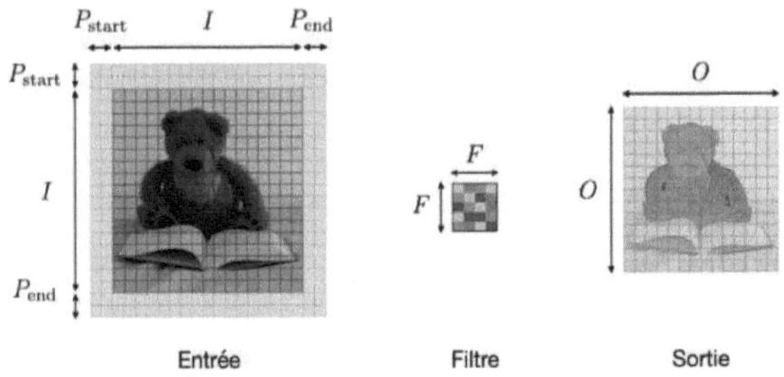

Figura III.2 : Ilustração do tamanho da saída de uma camada de convolução [Https://stanford.edu/~shervine/l/en/teaching/cs-230/pense-bete-reseaux-neurones-convolutionnels].

$$O = \frac{I + F + P_{start} + P_{end}}{S}$$

III.3.2. Camada de pooling

a) Princípio de funcionamento [8]

A camada de pooling é frequentemente colocada entre duas camadas de convolução. Aplica uma operação de pooling, que é uma operação de subamostragem. Consiste em reduzir o tamanho das imagens, preservando ao mesmo tempo as suas caraterísticas importantes. Para isso, a imagem é dividida em células regulares de tamanho 2 × 2 pixéis que não se sobrepõem, ou de tamanho 3 × 3 pixéis, espaçadas por um passo de 2 pixéis (que, por conseguinte, se sobrepõem). As saídas obtidas são em número idêntico às entradas, mas de dimensão inferior. A camada de agrupamento reduz o número de parâmetros e de cálculos na rede. Isto melhora a eficiência da rede e evita a sobreaprendizagem.

b) A operação de agrupamento [20] [24]

A ideia subjacente à operação de agrupamento consiste em remover uma certa quantidade de informação da mesma vizinhança para a entrada. A operação é efectuada em cada uma das espessuras associadas à profundidade da entrada. Geralmente, é utilizado o agrupamento máximo ou médio, em que são tomados os valores máximo e médio, respetivamente.

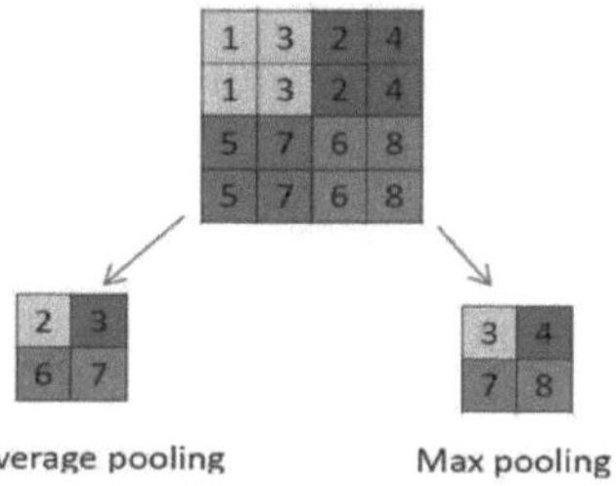

Figura III.3: Exemplo de cálculo do agrupamento máximo e do agrupamento médio [Https://en.quora.com/Quest-que-que-le-pooling-maximum-dans-les-r%C3%A9seaux-de-neurones-].convolutional]

agrupamento de médias: cada caixa corresponde à média do quadrado de entrada do mesmo quadrado. Por exemplo, no caso do quadrado amarelo, temos :

$$\frac{1+3+3+1}{4} = 2$$

Para max pooling: cada caixa corresponde ao valor máximo do quadrado de entrada da mesma cor, por exemplo, para a caixa azul :

$$\max(5,7,5,7) = 7$$

III.3.3. Camada de unidades lineares rectificadas [24]

A função ReLU ou Unidades Lineares Rectificadas é aplicada após a função de convolução e deixa as dimensões inalteradas. Trata-se de uma função real não linear definida por :

$$ReLU(x) = \max(0, x)$$

A correção ReLU substitui, portanto, todos os valores de entrada negativos por zeros. Actua como uma função de ativação e é concebida para introduzir complexidades não lineares na rede.

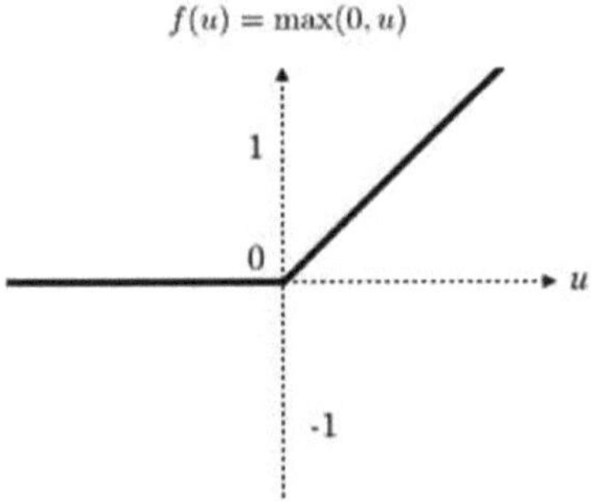

Figura III.4: Função das unidades lineares rectificadas

III.3.4. Camada totalmente coǹectada [3][8]

A camada totalmente ligada é sempre a última camada de uma rede neuronal. Esta camada não é, portanto, caraterística de uma CNN. A última camada classifica a imagem de entrada em várias classes e devolve um vetor cujo tamanho é igual ao número de classes do problema. Cada elemento do vetor indica a probabilidade de a imagem de entrada pertencer a uma determinada classe. Para calcular as probabilidades, a camada totalmente ligada multiplica cada elemento de entrada por um peso, adiciona-os e aplica uma função de ativação (neste caso, utilizamos a função soft max se o número de classes for$N > 2$ ou logistic sigmoid se

$N = 2$). Os pesos são aprendidos durante a fase de treino, por retropropagação do gradiente. A camada totalmente ligada procura ligações entre a posição das caraterísticas na imagem e uma classe. A tabela de entrada corresponde a um mapa de ativação para uma determinada caraterística: valores elevados indicam a localização dessa caraterística na imagem. Se a localização de uma caraterística num determinado ponto da imagem for caraterística de uma determinada classe, então o valor correspondente na tabela recebe um peso significativo.

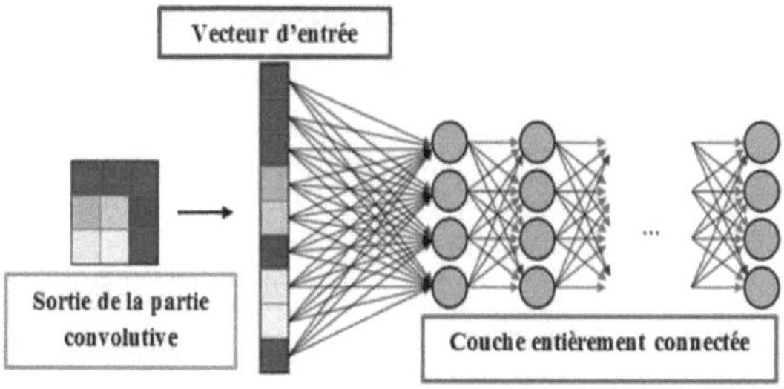

Figura III.5: Demonstração de uma camada totalmente ligada [Https://stanford.edu/~shervine/l/en/teaching/cs-230/pense-bete-reseaux-neurones-convolutionnels].

III.3.5. Camada de perdas (LOSS)

É normalmente a última camada da rede. Aqui podem ser utilizadas várias funções de perda adaptadas a diferentes tarefas. A função Softmax é utilizada nas classes de saída.

III.4. Escolha dos parâmetros [14]

As CNN utilizam mais hiperparâmetros do que uma rede multicamadas normal. Mesmo que as regras habituais relativas às taxas de aprendizagem e às constantes de regularização continuem a aplicar-se, é necessário ter em conta as noções de número de filtros, a sua forma e a forma do agrupamento máximo.

III.4.1. Número de filtros

O tamanho das imagens intermédias diminui com a profundidade do processamento, com as camadas mais próximas da entrada a tenderem a ter menos filtros, enquanto as camadas mais próximas da saída podem ter mais. Para igualar o cálculo em cada camada, o produto do número de caraterísticas e do número de pixels processados é geralmente escolhido para ser aproximadamente constante em todas as camadas. Para preservar a informação de entrada, o número de saídas intermédias (número de imagens intermédias, multiplicado pelo número de posições de pixels) deve ser mantido a crescer (no sentido lato) de uma camada para a seguinte. O número de imagens intermédias controla diretamente a potência do sistema, depende do número de exemplos disponíveis e da complexidade do processamento.

III.4.2. Forma do filtro

As formas dos filtros variam muito na literatura. São geralmente escolhidas de acordo com o conjunto de dados. Os melhores resultados nas imagens MNIST (28x28) situam-se normalmente no intervalo de 5x5 na primeira camada, ao passo que os conjuntos de dados de imagens naturais (frequentemente com centenas de pixéis em cada dimensão) tendem a utilizar filtros de primeira camada maiores, de 12x12 ou mesmo 15x15. O desafio consiste, portanto, em encontrar o nível certo de granularidade para criar abstracções à escala adequada a cada caso.

III.4.3. Forma de pooling máximo

Os valores típicos são 2x2. Volumes de entrada muito grandes podem justificar o agrupamento 4x4 nas primeiras camadas. No entanto, a escolha de formas maiores reduzirá consideravelmente o tamanho do sinal e pode resultar na perda de demasiada informação.

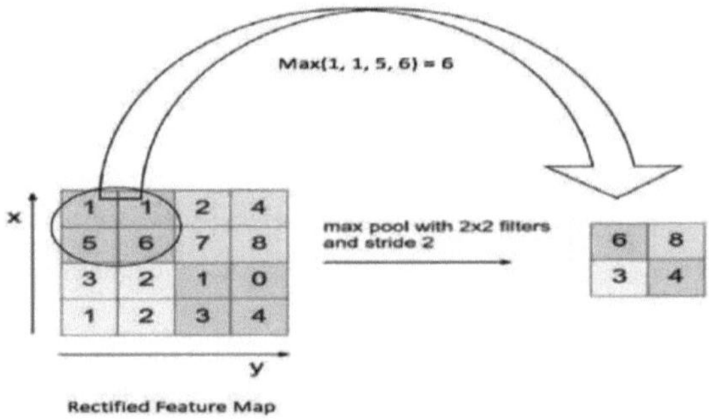

Figura III.6: Exemplo de max pooling (2×2) [Https://vinova.sg/2019/10/30/an-intuitive-explanation-of-convolutional-neural-networks-the-data-science-blog/]

III.5. Método de regularização [21]

Para resolver os problemas de sobreaprendizagem, existem métodos de regularização que podem ser utilizados:

- ✓ Métodos empíricos
- ✓ Métodos explícitos

III.5.1. Métodos empíricos

a) Abandono

As camadas FC (Fully Connected) ocupam a maior parte da memória da CNN. De facto, o conceito de FC cria um problema de memória exponencial chamado sobreconexão (que conduz à sobreaprendizagem), que torna o processamento da informação mais lento. Para evitar este problema, o método de abandono é utilizado para desligar aleatoriamente os neurónios com uma probabilidade de neurónios, frequentemente um neurónio em cada dois, bem como os neurónios periféricos. Com menos neurónios, a rede é mais reactiva e pode, portanto, aprender mais rapidamente. No final da sessão de aprendizagem, os neurónios desligados são novamente ligados com os seus pesos originais. Quanto mais próxima a camada FC estiver da imagem de origem, menos neurónios serão desligados.

O objetivo é desligar e voltar a ligar os neurónios de forma aleatória, no âmbito de sessões de treino sucessivas. Uma vez concluída a série de treino, todos os neurónios são novamente ligados e a rede é utilizada como habitualmente. Esta técnica não só permitiu aumentar a velocidade de aprendizagem, como também, ao desligar os neurónios, limitou os efeitos marginais, tornando a rede mais robusta e mais capaz de generalizar os conceitos aprendidos.

b) DropConnect

O DropConnect é uma evolução do dropout, em que já não desligamos um neurónio, mas uma ligação (o equivalente à sinapse), sempre de forma aleatória. Os resultados são semelhantes (velocidade, capacidade de generalização da aprendizagem), mas há uma diferença na evolução dos pesos das ligações. Uma camada FC com uma DropConnect pode ser comparada a uma camada de ligação difusa.

c) Agrupamento estocástico

O agrupamento estocástico utiliza o mesmo princípio que o Max-pooling, mas o resultado selecionado é escolhido aleatoriamente, de acordo com uma distribuição multinomial definida em função da atividade da zona abrangida pelo agrupamento. Na prática, este sistema é semelhante ao Max-pooling com um grande número de imagens semelhantes, que variam apenas através de distorções localizadas.

III.5.2. Métodos explícitos

a) Dimensão da rede

A forma mais simples de limitar a sobreaprendizagem é limitar o número de camadas da rede e libertar os parâmetros livres (ligações) na rede. Isto reduz diretamente a potência e o potencial de previsão da rede.

b) Perda de peso

O conceito consiste em considerar o vetor de pesos de um neurónio, a lista dos pesos associados aos sinais de entrada, e acrescentar-lhe um vetor de erro proporcional à soma dos pesos ou ao quadrado dos pesos. Este vetor de erro pode então ser multiplicado por um coeficiente de proporcionalidade, que pode ser aumentado para penalizar ainda mais os vectores com pesos elevados.

III.6. Validação do modelo

A validação também se aplica a qualquer outro método de aprendizagem supervisionada. Trata-se de estudar o desempenho do modelo que construímos e, neste caso, estamos a tentar estimar os erros de classificação do nosso modelo, ou seja, a probabilidade de este prever corretamente a classe de saída de um dado. Intuitivamente, podemos ver que este erro corresponde à probabilidade de o classificador não conseguir prever a classe de um novo dado. Apresentamos alguns indicadores de desempenho de um modelo de previsão.

✓ **Matriz de confusão [28]**

A matriz de confusão mostra a qualidade de um modelo. Cada uma das suas colunas representa o número de ocorrências de uma classe prevista pelo classificador, enquanto cada uma das suas linhas representa o número de ocorrências de uma classe-alvo (classe desejada ou classe de saída esperada). Os dados considerados podem ser provenientes do conjunto de treino ou de um conjunto de dados reservados para teste.

Os resultados estão divididos em 4 categorias:

- Verdadeiro positivo (TP): a previsão e o valor real são positivos.
- Verdadeiro negativo (TN): a previsão e o valor real são negativos.
- Falso positivo (FP): a previsão é positiva enquanto o valor real é negativo.
- Falso negativo (FN): a previsão é negativa enquanto o valor real é positivo.

Tabela III.1: Matriz de confusão

Classe actuelle \ Classe predite	Positive	Négative
Positive	Vraie positive (VP)	Faux négative (FN) Type d'erreur II
Négative	Faux positive (FP) Type d'erreur I	Vraie négative (VN)

É claro que, em casos mais complexos, podem ser acrescentadas linhas e colunas a esta matriz. Podemos calcular os diferentes indicadores que resumem a matriz de confusão. Se quisermos ter em conta a qualidade da predição sobre a classe a prever, definimos :

• Exatidão: proporção de itens bem classificados para uma determinada classe:

$$Précision = \frac{VP}{VP+FP}$$

• Lembrete: proporção de itens bem classificados em relação ao número de itens da classe para prever :

$$Rappel = \frac{VP}{VP+FN}$$

• Medida F: medida do compromisso entre a precisão e a recuperação: 2 x (precisão x recuperação)

$$F\_mesure = \frac{2 \times (précision \times rappel)}{précision + rappel}$$

III.7. Vantagens das CNNs [14]

Uma das principais vantagens das redes convolucionais é a utilização de um único peso associado aos sinais que entram em todos os neurónios num único núcleo de convolução. Este método reduz o consumo de memória, melhora o desempenho e permite um processamento independente da tradução. Esta é a principal vantagem da CNN em relação à MLP, que considera cada neurónio independente e, por conseguinte, atribui um peso diferente a cada sinal de entrada. Em comparação com outros algoritmos de classificação, as redes neuronais convolucionais utilizam relativamente pouco pré-processamento. Isto significa que a rede é responsável pela evolução dos seus próprios filtros (aprendizagem não supervisionada), o que não acontece com outros algoritmos mais tradicionais. A ausência de parametrização inicial e de intervenção humana é uma das principais vantagens das CNN.

III.8. Conclusão

Neste capítulo, apresentámos as redes neuronais convolucionais. Estas redes são capazes de extrair caraterísticas das imagens de entrada e de as classificar. A partilha de pesos permite reduzir o número de parâmetros livres na arquitetura, reduzir o tempo de cálculo e o espaço de memória necessário, bem como melhorar a capacidade de generalização da rede. O próximo capítulo será dedicado à conceção do modelo e, em seguida, à interpretação dos resultados obtidos na fase de aprendizagem e de teste.

CAPÍTULO IV

APLICAÇÃO E INTERPRETAÇÃO DOS RESULTADOS

IV.1. Apresentação do caso

Escolhemos o sector bancário como domínio de aplicação do nosso trabalho, onde o nosso objetivo é construir um sistema de reconhecimento do montante escrito num cheque bancário, através de um classificador automático que reconheça os caracteres que compõem o montante, um a seguir ao outro (isolamento).O processamento automático de cheques bancários requer a segmentação prévia das várias zonas de informação do cheque. Entre estas zonas, uma contém a sequência de dígitos manuscritos que traduzem o montante a levantar. Os cheques têm uma estrutura documental particular. O estudo da estrutura física e lógica é necessário para o nosso método de segmentação. A estrutura física indica a natureza do cheque e a sua posição preliminar. A estrutura física indica a natureza do conteúdo de cada componente e a estrutura lógica apresenta o significado do conteúdo da zona.

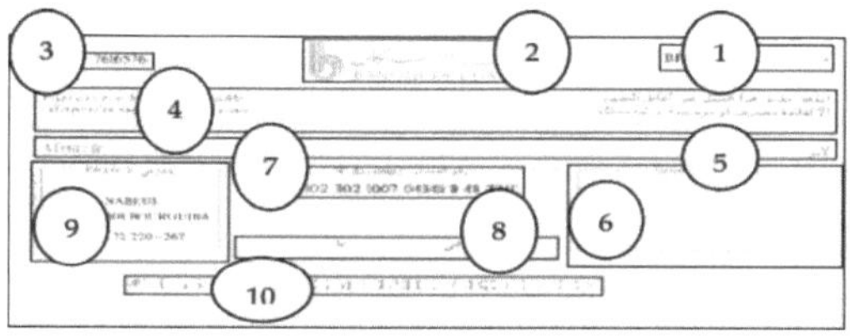

Figura IV.1: Estrutura física e lógica do cheque [27].

Quadro IV.1: Conteúdo físico e significado

Número da zona	Interpretação física	Interpretação lógica
1	Dígitos manuscritos e guião impresso	O montante numérico
2	Texto impresso e imagem	O nome e o acrónimo do banco
3	Escrita e dígitos Material impresso	O número do cheque
4	Texto impresso e manuscrito	O montante em palavras
5	Texto impresso e manuscrito	O nome do destinatário
6	Imagem	O número de conta de do escritor
7	Escrita e dígitos Material impresso	O número de conta de do escritor
8	Escrita e dígitos Material impresso	O endereço e o número de telefone do banco
9	Escrita e dígitos Material impresso	O endereço e o número de telefone do banco
10	Dígitos impressos	O número do cheque, o código bancário e o número de conta do titular

Para o reconhecimento automático da quantidade, é necessário um passo de extração. Aplicamos um AND lógico entre a imagem original e a máscara construída

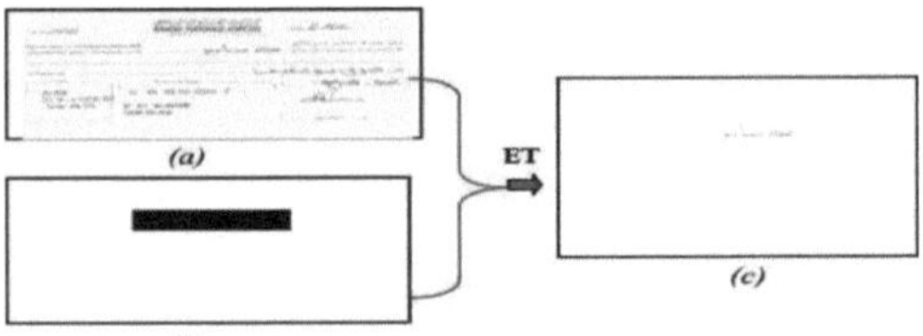

Figura IV.2: (a) Imagem original, (b) Máscara da área vertical, (c) Área de extração [27].

O sistema de reconhecimento tem dois módulos: o primeiro módulo consiste em reconhecer o valor escrito no cheque e identificar o proprietário do cheque através do número de conta ainda escrito no cheque, após o que o sistema vai segmentar cada sequência de dígitos que aparecem nas duas zonas de forma a obter uma sequência de dígitos isolados. Após esta fase, surge o objeto do nosso trabalho, que é o reconhecimento de cada dígito isolado das sequências anteriores através de uma rede neural convolucional.

IV.2. Apresentação de ferramentas

IV.2.1. Google colab [30]

As experiências e os testes foram realizados no Google Colaboratory ou Colab, uma ferramenta simples e gratuita da Google para aprender sobre Deep Learning ou colaborar com os seus colegas em projectos de ciência de dados. O Colab permite :

✓ Melhorar as competências de codificação na linguagem de programação Python.

✓ Desenvolver aplicações de aprendizagem profunda utilizando bibliotecas Python populares, como Keras, TensorFlow, PyTorch e OpenCV.

✓ Utilizar um ambiente de desenvolvimento (Jupyter Notebook) que não requer configuração.

Mas a caraterística que distingue o Colab dos outros serviços é o acesso a um processador gráfico GPU, totalmente gratuito!

IV.2.2. Python [31]

Python é uma linguagem de programação de alto nível, interpretada (não existe fase de compilação), orientada para objectos e com uma semântica dinâmica. É amplamente utilizada por uma grande comunidade de programadores e programadores. Python é uma linguagem simples, fácil de aprender e que reduz o custo de manutenção do código. As bibliotecas Python (pacotes) incentivam a modularidade e a reutilização do código. Python e as suas bibliotecas estão disponíveis (fonte ou binários) gratuitamente para a maioria das plataformas e podem ser redistribuídas gratuitamente.

IV.2.3. Tensorflow

O TensorFlow é uma estrutura de programação para computação numérica que foi tornada de código aberto pela Google em novembro de 2015. Desde o seu lançamento, o TensorFlow tem vindo a ganhar força, tornando-se rapidamente uma das estruturas mais utilizadas para a aprendizagem profunda e as redes neuronais. O seu nome foi inspirado, em particular, pelo facto de as operações actuais em redes neuronais serem realizadas principalmente através de tabelas de dados multidimensionais, conhecidas como Tensores. Um Tensor bidimensional é o equivalente a uma matriz. Atualmente, os principais produtos da Google baseiam-se no

TensorFlow: Gmail, Google Photos e reconhecimento de voz.

IV.2.4. Keras

Keras é uma API de rede neural de alto nível escrita em Python e capaz de funcionar em TensorFlow ou Theano. A biblioteca Keras é utilizada para interagir com algoritmos para redes neuronais profundas e aprendizagem automática , em particular Tensorflow e Theano. Foi concebida para permitir uma experimentação rápida com redes neuronais profundas e centra-se na sua facilidade de utilização, modularidade e capacidades de extensão.

IV.2.5. Scikit-learn

Scikit-learn é certamente a biblioteca a biblioteca a biblioteca a mais popular para aprendizagem automática em Python. contém todos os modelos que implementámos e muitos mais. Na vida real, nunca construirá uma árvore de decisão a partir do zero: delegará todo o trabalho pesado ao scikit-learn. Da mesma forma, nunca escreverá um algoritmo de otimização à mão: chamará o scikit-learn para encontrar imediatamente um algoritmo eficiente. A documentação desta biblioteca contém muitos exemplos do que ela pode fazer (e, de uma forma mais geral, do que a aprendizagem automática pode fazer).

IV.2.6. Numpy [32]

Esta é uma biblioteca para manipular matrizes ou arrays multidimensionais e as funções matemáticas que operam nestes arrays. Tem matrizes mais poderosas do que a nossa lista de vectores, matrizes mais poderosas do que a nossa lista de matrizes e oferece muitas funções numéricas prontas a usar. O NumPy é um bloco básico que serve de base a muitas bibliotecas, o que o torna particularmente interessante.

IV.2.7. Matplotlib [33]

Trata-se de uma biblioteca na linguagem de programação Python para traçar e apresentar dados sob a forma de gráficos. Pode ser combinada com as bibliotecas de computação científica NumPy e SciPy. A Matplotlib é distribuída gratuitamente.

IV.2.8. Seaborn [34]

É uma biblioteca que é adicionada ao Matplotlib, substitui certas configurações e funções padrão e adiciona novas funções. Seaborn corrige as deficiências da Matplotlib.

IV.3. Base de dados MNIST [35]

A base de dados MNIST (Modified ou Mixed National Institute of Standards and Technology) é uma base de dados de números manuscritos. Trata-se de um conjunto de dados amplamente utilizado na aprendizagem automática. A base de dados contém 70.000 imagens de uma base de dados anterior, denominada simplesmente NIST. Para as nossas primeiras experiências, vamos utilizar a base de dados MNIST, que contém descrições de dígitos manuscritos no formato 28 × 28, ou seja, 784 pixels, e as etiquetas associadas. A base de dados contém um total de 70.000 exemplos, ou seja, 7.000 exemplos de cada dígito. Primeiro carregamos a base de dados e depois examinamos um dos exemplos que contém. Seleccionamos 60.000 exemplos para aprender e 10.000 para testar (a base de dados MNIST está organizada desta forma). Para testes futuros, é importante garantir que os exemplos são distribuídos aleatoriamente na base de dados de treino, de modo a que cada retirada de um subconjunto contenha aproximadamente a mesma proporção de cada dígito.

Figura IV.3: Amostra de figuras da base de dados MNIST [Https://intelligence-artificielle.agency/mnist-lecture-de-la-base/].

IV.4. Arquitetura do modelo

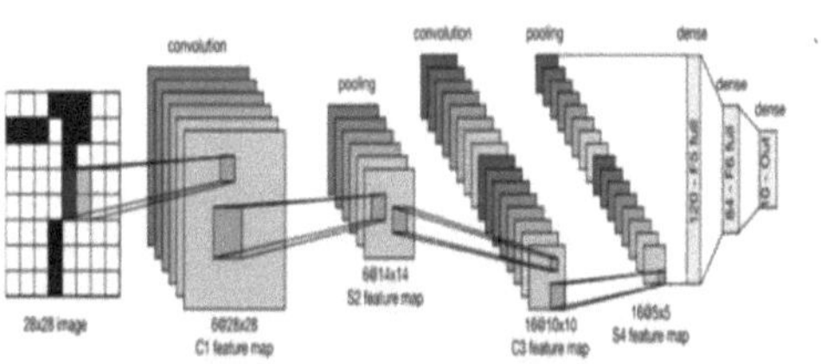

Figura IV.4: Arquitetura do modelo [Https://medium.com/mlearning-ai/lenet-and-mnist-handwritten-digit-classification-354f5646c590]

A arquitetura do modelo que apresentamos é composta por duas camadas de convolução, duas camadas de maxpooling e três camadas de ligação total. A imagem de entrada tem um tamanho de 28*28 e passa primeiro pela primeira camada de convolução. Esta camada é composta por 32 filtros de tamanho 3*3, cada uma das nossas camadas de convolução é seguida por uma função de ativação ReLU, esta função força os neurónios a devolverem valores positivos, após esta convolução serão criados 32 mapas de caraterísticas de tamanho 28*28, depois aplicamos Maxpooling para reduzir o tamanho da imagem e a quantidade de parâmetros e cálculos. No final desta camada, teremos 32 mapas de caraterísticas de tamanho 14*14. Os 32 mapas de caraterísticas obtidos anteriormente são dados como entrada para a segunda camada de convolução, que é composta por 64 filtros. É aplicada uma ativação ReLU à camada de convolução e, em seguida, é aplicado o Maxpooling para reduzir o tamanho da imagem. Na saída desta camada, teremos 64 mapas de caraterísticas de tamanho 6*6. Depois destas camadas vem o dropout, que coloca aleatoriamente a saída de certos neurónios a zero. O vetor de caraterísticas resultante das convoluções tem uma dimensão de 2304 pixels. De seguida, utilizamos uma rede neural composta por três camadas totalmente ligadas. A primeira camada tem 120 neurónios em que a função de ativação utilizada é a ReLu, a segunda camada tem 84 neurónios e, finalmente, a última camada tem 10 neurónios em que a função de ativação é uma softmax que é utilizada para calcular a distribuição de probabilidade das 10 classes.

Quadro IV.2: Configuração do modelo

```
Model: "sequential"
_________________________________________________________________
 Layer (type)                Output Shape              Param #
=================================================================
 conv2d (Conv2D)             (None, 28, 28, 32)        320

 max_pooling2d (MaxPooling2D  (None, 14, 14, 32)       0
 )

 conv2d_1 (Conv2D)           (None, 12, 12, 64)        18496

 max_pooling2d_1 (MaxPooling  (None, 6, 6, 64)         0
 2D)

 dropout (Dropout)           (None, 6, 6, 64)          0

 flatten (Flatten)           (None, 2304)              0

 dense (Dense)               (None, 84)                193620

 dropout_1 (Dropout)         (None, 84)                0

 dense_1 (Dense)             (None, 120)               10200

 dropout_2 (Dropout)         (None, 120)               0

 dense_2 (Dense)             (None, 10)                1210

=================================================================
Total params: 223,846
Trainable params: 223,846
Non-trainable params: 0
_________________________________________________________________
```

IV.5. Implementação do modelo

IV.5.1. Importação de bibliotecas

Esta fase consiste em importar as bibliotecas que facilitarão a construção do modelo

```
[ ] import tensorflow as tf
    import keras
    import matplotlib.pyplot as plt
    import random
    import numpy as np
    import seaborn as sn
    from tensorflow.keras.models import Sequential
    from tensorflow.keras.layers import Dense, Conv2D, Dropout, Flatten, MaxPooling2D
    from tensorflow.keras.models import Sequential
    from tensorflow.keras.layers import Dense, Conv2D, Dropout, Flatten, MaxPooling2D
```

Figura IV.5: Importação de bibliotecas

IV.5.2. Importar o conjunto de dados

Esta fase envolve a importação dos dados que serão utilizados para treino e teste.

```
[ ] mnist = tf.keras.datasets.mnist
    (x_train, y_train),(x_test,y_test) = mnist.load_data()

    Downloading data from https://storage.googleapis.com/tensorflow/tf-keras-datasets/mnist.npz
    11493376/11490434 [==============================] - 0s 0us/step
    11501568/11490434 [==============================] - 0s 0us/step
```

Figura IV.6: Importação de dados

IV.5.3. Corte

Esta etapa consiste em dividir todos os dados da base de dados MNIST em treinos e testes: 60.000 imagens de amostra para treino e 10.000 para teste

```
[ ]
    print('Number of images in x_train', x_train.shape[0])
    print('Nomber of images in x_test', x_test.shape[0])

    Number of images in x_train 60000
    Nomber of images in x_test 10000
```

Figura IV.7: Repartição dos dados

IV.5.4. Visualização de dados

Nesta fase, apresentamos os dados do conjunto de dados

```python
fig = plt.figure()
for i in range(9):
  plt.subplot(3,3,i+1)
  plt.tight_layout()
  plt.imshow(x_train[i], cmap='gray', interpolation='none')
  plt.title("Digit: {}".format(y_train[i]))
  plt.xticks([])
  plt.yticks([])
fig
```

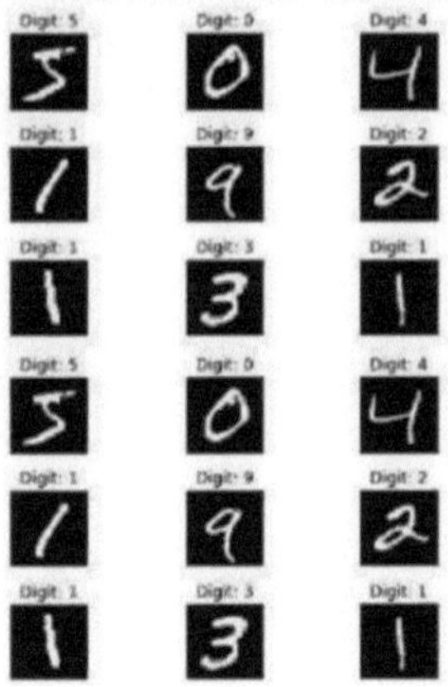

Figura IV.8: Visualização dos dados

IV.5.5. Redimensionar

Esta etapa consiste em atribuir um novo tamanho a cada imagem. Neste contexto, o tamanho a atribuir às imagens será o mesmo, independentemente do tamanho original da imagem a ser reconhecida. Vamos recortar todas as imagens numa caixa de 28x28 pixels.

```python
x_train = x_train.reshape(x_train.shape[0], 28, 28, 1)
x_test = x_test.reshape(x_test.shape[0], 28, 28, 1)
input_shape = (28, 28, 1)
x_train = x_train.astype('float32')
x_test = x_test.astype('float32')
x_train /= 255
x_test /= 255
print('x_train shape:', x_train.shape)
print('x_test shape:', x_test.shape)
```

```
x_train shape: (60000, 28, 28, 1)
x_test shape: (10000, 28, 28, 1)
```

Figura IV.9: Redimensionamento

IV.5.6. Construir o modelo

Esta fase é dedicada à construção do modelo

```
[ ] model = Sequential()
    model.add(Conv2D(32, kernel_size=(3,3),padding = 'same'  ,activation='relu', input_shape= (28,28,1)))
    model.add(MaxPooling2D(pool_size=(2, 2)))
    model.add(Conv2D(64, (3, 3), activation='relu'))
    model.add(MaxPooling2D(pool_size=(2, 2)))
    model.add(Dropout(0.25))
    model.add(Flatten())
    model.add(Dense(84, activation='relu'))
    model.add(Dropout(0.5))
    model.add(Dense(120, activation='relu'))
    model.add(Dropout(0.5))
    model.add(Dense(10, activation='softmax'))
    model.summary()
```

Figura IV.10: Guiões de modelos

IV.5.7. Formação de modelos

Treinámos o nosso modelo em 10 épocas e obtivemos os seguintes resultados: 98,84% de precisão e 4,42% de perda.

```
[ ] model.compile(optimizer='adam',loss='sparse_categorical_crossentropy', metrics=['accuracy'])
    hist=model.fit(x_train, y_train,epochs =10,batch_size = 10,shuffle = True,validation_split = 0.2)

    Epoch 1/10
    4800/4800 [==============================] - 87s 18ms/step - loss: 0.3489 - accuracy: 0.8923 - val_loss: 0.0611 - val_accuracy: 0.9826
    Epoch 2/10
    4800/4800 [==============================] - 89s 18ms/step - loss: 0.1428 - accuracy: 0.9600 - val_loss: 0.0499 - val_accuracy: 0.9869
    Epoch 3/10
    4800/4800 [==============================] - 90s 19ms/step - loss: 0.1185 - accuracy: 0.9679 - val_loss: 0.0489 - val_accuracy: 0.9874
    Epoch 4/10
    4800/4800 [==============================] - 101s 21ms/step - loss: 0.1024 - accuracy: 0.9718 - val_loss: 0.0418 - val_accuracy: 0.9898
    Epoch 5/10
    4800/4800 [==============================] - 89s 19ms/step - loss: 0.0947 - accuracy: 0.9747 - val_loss: 0.0453 - val_accuracy: 0.9891
    Epoch 6/10
    4800/4800 [==============================] - 89s 19ms/step - loss: 0.0883 - accuracy: 0.9767 - val_loss: 0.0401 - val_accuracy: 0.9902
    Epoch 7/10
    4800/4800 [==============================] - 103s 21ms/step - loss: 0.0850 - accuracy: 0.9777 - val_loss: 0.0403 - val_accuracy: 0.9899
    Epoch 8/10
    4800/4800 [==============================] - 94s 20ms/step - loss: 0.0773 - accuracy: 0.9784 - val_loss: 0.0388 - val_accuracy: 0.9903
    Epoch 9/10
    4800/4800 [==============================] - 86s 18ms/step - loss: 0.0737 - accuracy: 0.9808 - val_loss: 0.0432 - val_accuracy: 0.9889
    Epoch 10/10
    4800/4800 [==============================] - 87s 18ms/step - loss: 0.0781 - accuracy: 0.9814 - val_loss: 0.0442 - val_accuracy: 0.9884
```

Figura IV.11: Treino do modelo

IV.5.8. Ensaio de modelo

Depois de testar o nosso modelo, este prevê com uma taxa de exatidão de 99,03% e uma taxa de erro de 3,72%.

```
[ ]
    final_loss, final_acc = model.evaluate(x_test, y_test)
    print("final loss: {0:.4f}, final accuracy: {1:.4f}".format(final_loss, final_acc))

    313/313 [==============================] - 4s 14ms/step - loss: 0.0372 - accuracy: 0.9903
    final loss: 0.0372, final accuracy: 0.9903
```

Figura IV.12: Avaliação

IV.5.9. Avaliação do modelo

a) A matriz de confusão da CNN

A matriz de confusão mede a qualidade de um sistema de classificação. Cada linha corresponde a uma classe real e cada coluna a uma classe estimada. Uma das vantagens da matriz de confusão é que mostra rapidamente se um sistema de classificação consegue classificar corretamente.

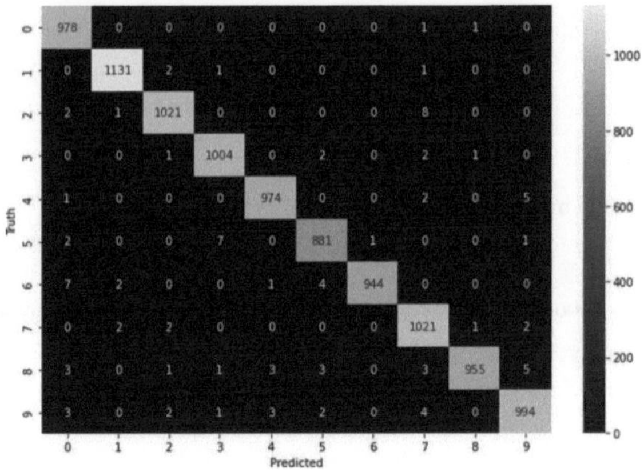

Figura IV.13: Matriz de confusão

A matriz de confusão pode ser interpretada da seguinte forma:

- ✓ A precisão de (0)= 978= 98% de probabilidade de prever corretamente 0996
- ✓ A precisão de (1)= 1131= 99% de probabilidade de prever corretamente 11136
- ✓ A precisão de (2)= 1021= 99% de probabilidade de prever corretamente 21029
- ✓ A precisão de (3)= 1004= 99% de probabilidade de prever corretamente 31014
- ✓ A precisão de (4)= 974981
- ✓ A precisão de (5)= 881890
- ✓ A precisão de (6)= 944945

= 99% de probabilidade de prever corretamente 4

= 98% de probabilidade de prever corretamente 5

= 99% de probabilidade de prever corretamente 6

✓ A precisão de (7)= ^{1021}= 97% de probabilidade de prever corretamente 71042

✓ A precisão de (8)= $^{955}958$

✓ A exatidão de (9)= $^{994}1007$

= 99% de probabilidade de prever corretamente 8

= 98% de probabilidade de prever corretamente 9

b) Curva de precisão

As curvas permitem-nos assegurar que o modelo está a aprender corretamente. É importante garantir que a curva de precisão aumenta a cada execução (época). Idealmente, a curva para os dados de validação deve manter-se próxima da curva para os dados de treino (caso contrário, é necessário verificar se o modelo está a aprender demais ou de menos). De acordo com os nossos resultados, a curva azul representa a precisão do nosso modelo nos dados de treino, enquanto a curva vermelha apresenta a precisão nos dados de teste.

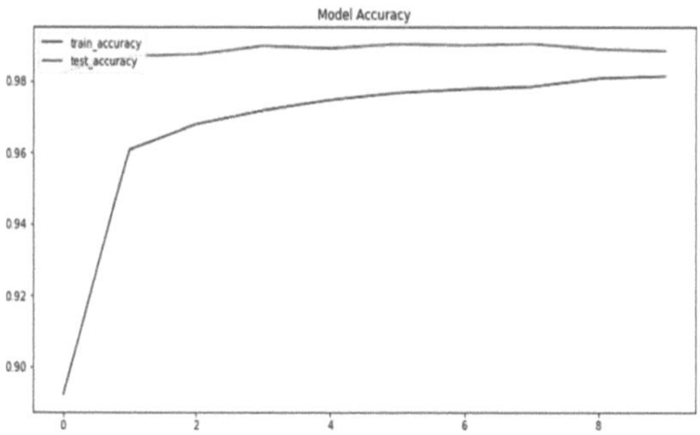

Figura IV.14: Curva de exatidão

De acordo com a figura, a precisão da aprendizagem e dos testes aumenta com o número de épocas, o que reflecte o facto de o modelo aprender mais informação em cada época. Se a precisão diminuir, precisaremos de mais informações para fazer com que o nosso modelo aprenda, pelo que temos de aumentar o número de épocas.

c) Curva de perdas

A curva azul representa a perda do nosso modelo nos dados de treino, enquanto a curva vermelha apresenta a perda nos dados de teste. A figura seguinte mostra a diminuição do erro de treino e de teste com o número de épocas.

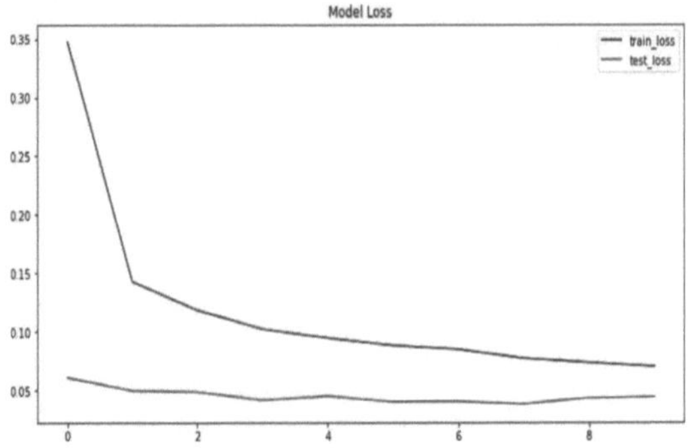

Figura IV.15: Curva de perdas

IV.5.10. Previsão

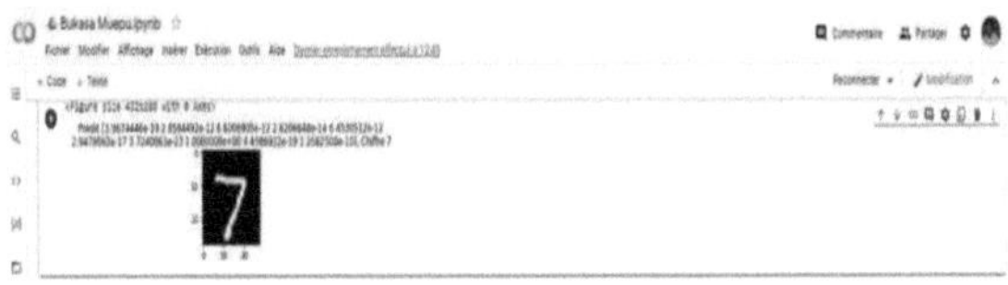

Figura IV.16: Previsão

IV.5.11. Interpretação dos resultados

Quadro IV.3: Resultados

	Arquitetura utilizada			Número período	Clarificação da base de aprendizagem	Precisão da base de ensaio	Erro	Tempo desempenho
	Camada de convolução	Camada de pooling	Totalmente ligado					
Modelo	02	02	03	10	98,84%	99,03%	3,72 %	793 segundos

O quadro indica a arquitetura utilizada no modelo e o número de épocas. Os resultados obtidos são expressos em termos de exatidão da aprendizagem, exatidão do teste, erro e, finalmente, tempo de execução. O tempo de execução é demasiado curto. Isto requer a utilização de uma GPU. O modelo que construímos dá um melhor resultado. Prevê com uma taxa de exatidão de 99,03% e uma taxa de erro de 3,72%. O número de épocas e de camadas de convolução combinado com o tempo de execução reflecte estes bons resultados. Em geral, uma rede neural convolucional grande e profunda dá bons resultados, mas o desempenho da nossa rede degrada-se se for retirada uma camada convolucional.

IV.6. Conclusão

Neste capítulo, descrevemos as ferramentas utilizadas para experimentar o nosso modelo utilizando a rede neural convolucional. Com base nos indicadores adaptados, verificámos, a partir dos resultados obtidos, que a aprendizagem de um modelo consiste em minimizar a função de custo, que é um parâmetro que indica em que nível a classe prevista está próxima da classe real. No nosso estudo, verificámos que quanto mais profunda for a rede, ou seja, quanto mais camadas forem adicionadas, maior será a precisão e maior será o tempo de treino. Em seguida, avaliámos o desempenho do modelo construído, que se revelou muito eficaz em termos de precisão (99,03%), o que está próximo da perfeição.

CONCLUSÃO

Em suma, há que dizer que o reconhecimento de números manuscritos continua a ser um grande desafio. Apesar dos esforços e trabalhos intensivos nesta área, o desafio continua a ser melhorar as pontuações para obter melhores resultados. O objetivo deste trabalho foi construir, treinar e otimizar um modelo baseado numa rede neural convolucional, capaz de reconhecer números manuscritos escritos num cheque.Para atingir este objetivo, utilizámos o método descritivo, que nos permitiu descrever o processo de reconhecimento de caracteres, e o método experimental, que nos permitiu experimentar o reconhecimento de dígitos utilizando um conjunto de dados.Utilizámos redes neurais convolucionais para construir o nosso modelo, uma vez que são amplamente utilizadas para análise e classificação de imagens, pois podem extrair caraterísticas de uma imagem. Testámos o modelo com o conjunto de dados MNIST, que contém 70.000 imagens. Avaliámos o nosso modelo com curvas de precisão, curvas de perda e a matriz de confusão.Para implementar o nosso modelo, utilizámos a linguagem Python, que é agora indispensável para aplicações de Machine Learning e Deep Learning, bem como uma série de bibliotecas, incluindo Scikit-learn, Tensorflow, Keras, Matplotlib, Numpy e Seaborn.No final da experiência, o modelo oferece uma precisão de 99%, o que está próximo da perfeição. Perante este resultado, declaramos que atingimos o nosso objetivo e confirmámos as nossas hipóteses.É certo que a estrutura física de um cheque bancário é muito complexa e contém uma grande quantidade de informação. Os cientistas deparam-se com a dificuldade de extrair as diferentes zonas de forma isolada. Estas dificuldades incluem a aquisição, a extração de zonas e a segmentação de zonas.Este trabalho levou-nos a desenvolver algumas perspectivas muito interessantes que estão na linha da nossa investigação. Pretendemos desenvolver um modelo de reconhecimento automático da caligrafia, aplicado aos montantes literais dos cheques.

BIBLIOGRAFIA

I. Publicações

1. A. conuejols e y. kodratoff, **Apprentissage artificiel : Concepts et algorithmes**, 2003.
2. Chloé-Agathe Azencott, **Introdução à aprendizagem automática**, 2018
3. A. Amidi, S. Amidi, **Redes neurais convolucionais**, 2019.
4. J. Damerji**, Imagem digital**, 2018.
5. J.M.S. Prewitt, **Object enhancement and extraction**, 1970.
6. L. Likforman-Sulem e E.B. Smith, **Reconhecimento de padrões: teoria e prática,** 2013.
7. M. J. Vieille**, k-means, como funciona**, 2016.
8. P. Monasse, K. Nadjahi, Classificar **e segmentar dados visuais**, 2019.
9. Yann Le Cun sobre a **aprendizagem preditiva**, 2016.
10. Y. LeCun, **Les Enjeux de la Recherche en Intelligence Artificielle**, 2016.

II. Notas de curso

11. Mokhtar Taffar, **Introdução à aprendizagem automática**, 2014
12. KAFUNDA KATALAY P, **Intelligence artificiel approfondi**, deuxième licence génie Informatique, Universidade de Mbuji-Mayi, 2021. Não publicado.
13. M. A. Rakotomalala, **Processamento Digital de Imagens**, Curso M1- TCO, Ment. TCO. - E.S.P.A., A.U.: 2016-2017.II.9

III. Memórias e artigos

14. Boughaba Mohammed et Al, **Deep Learning para a gestão da** classificação e recuperação de imagens **com** base **no conteúdo**, 2017.
15. C. Imane, K. Ahlam**, La Classification Des Feuilles de Vigne à Base de Descripteur Histogramme de Gradient Orienté,** 2013

16. D.Andriamiandrasoa ianjafitia, **Sistema de deteção de objetos baseado em aprendizado profundo em uma loja inteligente,** 2019

17. GUEDIRI Taoufik et al, **Handwritten digit recognition based on support vetor machines,** 2016-2017.

18. L.Michel, **A aprendizagem automática baseada nas redes de neurónios por convolução para o reconhecimento de cifras manuscritas** ,2016

19. L. Leyrit, **Recognition of objects en vision artificial :Application à pedestrian recognition,** 2010.

20. M. D. Youcef, **Aprendizagem profunda para classificação de imagens**, 2017.

21. Mabah IDOUI e Ahmed HIMEUR, **Imagem por redes de neurónios convolucionais (CNN)**, 2019-2020

22. M. M. Zakaria, **Classificação de imagens com redes neurais convolucionais**, 2017.

23. O. Horiya, M. Asma, **Classificação não supervisionada: Aplicação de k-means**, 2014.

24. S. Bédard-Venne, **Rede neural artificial e classificação de imagens de aplicativos,** 2018.

25. S. Nebti, **Reconhecimento de caracteres manuscritos utilizando inteligência colectiva,** 2013.

26. Stanislas Lauly, **Explorar as redes neuronais baseadas em autoencoders no quadro da modelação de dados** ,2016

27. Samia SNOUSSI MADDOURI et al, **Segmentação dos cheques bancários árabes,** 1002, Tunis

28. SAIDI Mohamed e BAKOU Ramande, **Deteção automática de Covid-19 em imagens radiográficas utilizando aprendizagem profunda**, 2021

29. Z.H. Mamar, **Análise Temps-Échelle e Reconhecimento de Formas para o diagnóstico do Sistema de Orientação de um Elétrico sobre Pneumáticos**, 2008.

IV. Webografia

30. https://moov.ai/fr/blog/deep-learning-avec-google-colab/,Novembre , novembro de 2021

31. https://fr.wikipedia.org/wiki/Python_ (língua), novembro de 2021

32. https://fr.wikipedia.org/wiki/NumPy, novembro de 2021

33. https://fr.wikipedia.org/wiki/Matplotlib#:~:text=Matplotlib%20est%20une%20biblioth%C3%A8que%20du,calcul%20scientific%20NumPy%20and%20SciPy. novembro de 2021

34. https://openclassrooms.com/fr/courses/4452741-decouvrez-les-librairies-python-pour-la-data-science/5559011-make-great-graphics-with-seaborn, novembro de 2021

35. https://datafranca.org/wiki/Base_de_donn%C3%A9es_MNIST, novembro de 2021

ÍNDICE DE CONTEÚDOS

MIX
Papier aus verantwortungsvollen Quellen
Paper from responsible sources
FSC® C105338

Printed by Books on Demand GmbH, Norderstedt / Germany